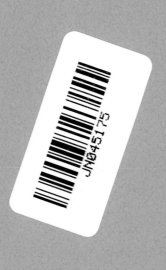

一緒にあそぼ！

赤ちゃんの遊び BOOK

小西行郎
小西　薫

赤ちゃんとママ社

はじめに

「赤ちゃんのしぐさＢＯＯＫ」に続いて、「赤ちゃんの遊びＢＯＯＫ」ができました。

最近、小児科外来で会うお母さんたちの話から、気になったのが赤ちゃんと遊ぶのが苦手なお母さんが増えている、ということでした。「赤ちゃんが嫌い」ということではなく、どうもうまく遊べない、赤ちゃんにはとりあえずオモチャを与えているだけ……の人が多いように思えたのです。

一方、年を重ねるごとに、赤ちゃんや子どもと遊ぶのが好きになってゆく私たちがいました。いわゆる孫がかわいいという年になったのかもしれません。どうしたら育児の場でも楽しく遊んでもらえるだろうか、ということを二人で話しているうちに「遊び方を教える」ということでなく、「こうやれば赤ちゃんと遊べるかもしれない……遊べれば育児が楽しくなるのでは」ということから、この本をつくろうということになりました。

ここに紹介した遊びの多くは、小児科医としての二人の経験をもとに、認知心理学の研究で明らかになった成果をくわえたものです。ですから、みなさんが実際に赤ちゃん相手にやってみたとき、時にはうまくいかないこともあると思います。でも、これらの遊びはけっしてテストではありません。うまくいったら「やった！」とよろこんでください。できなければ「小西先生たちほんとうにできたのかしら。さすが専門家ね」ぐらいに思っていただければとってもありがたいと思います。

ここでは特別なオモチャは使っていません。どこにでもある簡単なオモチャやコップ、ハンカチなど、ふだんの生活で使っている物ばかりです。それもみなさんに伝えたいことのひとつでした。おおげさなオモチャを用意するのではなく、日常生活の中から遊びをつくり出していただきたかったのです。

「遊び」のほとんどは「人とのかかわり」の中で生まれてくるものです。そうした「人とのかかわり」が0歳の赤ちゃんでもできるのです。最初は「おとなから提示された物を見る」ということからはじまります。単にそれだけのことでも、遊びへの入り口だととらえることが大切です。「○○ちゃん、見てるかなー」というかかわりから、やがては赤ちゃん自身が相手の気持ちを理解しようとする力の獲得につながっていくのです。

　私たちは、遊びをとおしてお母さんやお父さんと赤ちゃんの気持ちがつながるといいと願っています。いっしょに遊んでみると、思っていた以上に赤ちゃんが人の行動や気持ちに興味を持ち、心をかよわせようとしていることに気づかれることでしょう。周囲へ働きかけている赤ちゃんに気づき、応えていくことこそが、赤ちゃんの気持ちを育てることになり、その結果、赤ちゃんはヒトになっていけるのかもしれません。

　どうぞ余裕のある時に試してください。そして、赤ちゃんの発達を実感してください。遊ぶうちに赤ちゃんがますますかわいく感じられ、ともに育つということがわかっていただけたら、私たちは幸せです。

小西　薫

もくじ

PART3 コミュニケーションが楽しい赤ちゃんと遊ぼう……101

9▼▼12カ月 人や物に出会うこころ

PART 1

生まれたばかりの
赤ちゃんと遊んでみよう

生まれたばかりの赤ちゃんといっしょに遊ぶ
と言っても、赤ちゃんはまだまだマイペース。
おとなの思うように反応しません。
この時期、眠っていることの多い赤ちゃんですが、
目を覚ましていて、ご機嫌よさそうにしている時に、
ちょっとこちらから働きかけてみましょう。
赤ちゃんの能力に驚かされ、
生まれたばかりの命の尊さに
気づかされること間違いなし。
PART1では、その方法を紹介します。

1▶4ヵ月

まねっこ赤ちゃん

赤ちゃんがまねをするには、お父さんやお母さんの顔を見ていることがキーポイント！

顔が見えるように赤ちゃんを抱っこして、舌を出します。
父は娘を見つめた
娘も父を見つめ返した
ペロ…
たわむれに父が舌を出すと
じ〜
レロレロ
ペロ…
赤ちゃんもまねをして舌を出します。

くお〜っ　かわいい！
まねした〜
ベロン
ベロン

パパー
ごはん食べててね
ほーい
ふきふき
きれいきれい
しょうねー

あんなことしたら
ママがペロペロ
できないじゃないねー
ママー
食べようよー
えらいところに生まれてきてしまった……と思う娘であった

「笑う」「泣く」といった表情の変化は、お母さんのおなかの中にいる時から見られます。この「舌出し模倣」も、他人とコミュニケーションをとるために生まれつき備わっている能力のひとつなのです。赤ちゃんがまねをしてくれると、こちらの気持ちもうれしくなりますよね。この気持ちの交換がコミュニケーションの基本です。

お面でベロッベロッ

お面と同じように舌を出します。成長すると、ちゃんと描かれた顔じゃないとやりません。

簡単なお面をつくります。
おおざっぱな顔を描く
口の部分ははさみで穴をあける
舌のような物
ちょっと工作タイム
レロレロ〜〜
で 舌を出し入れして見せるんだって
そんなひどい絵じゃ顔ってわからないよ
赤ちゃんだもんだいたいでいいのよ
じー
赤ちゃんから見えるように舌を出し入れします。

ペロン…
おお…ホントにやるー!!
そして二カ月後──
ねえねえ顔描いてよもっと顔らしい絵がいいんだって!
私、絵心ないから
いいよ~

自信満々
ほーらどうだー
レロレロ~
シーーン
三カ月の息子にもわかるほど父のほうがはるかに絵心がなかった……

3カ月にもなると、顔らしく描かれていないと反応しません。

赤ちゃんには、どの程度「顔」がわかっているのでしょうか。生まれてすぐの赤ちゃんは、おおざっぱに描かれた顔のお面でも、あるいは福笑いの失敗作のようなお面でも、舌を出す頻度に差はありません。でも、一カ月ごろになると顔らしく描かれた物でなければ舌を出さなくなります。つまり「顔」の認知が育ったということです。

どっち向きがとくい？

赤ちゃんに向き癖があれば、はじめての左右差です。ない赤ちゃんもいますが、まったく心配はいりません。

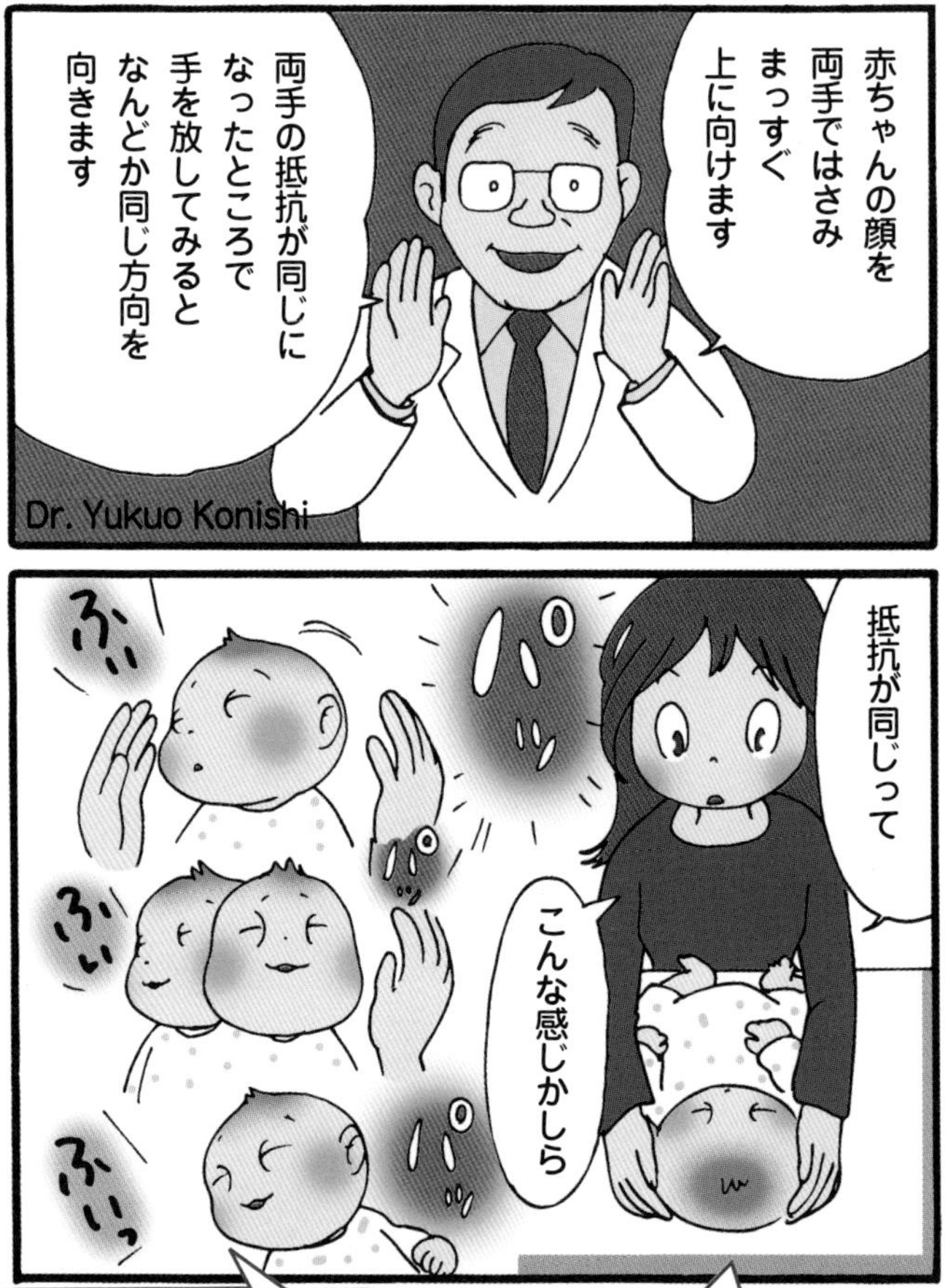
赤ちゃんの顔を両手ではさみまっすぐ上に向けます
両手の抵抗が同じになったところで手を放してみるとなんどか同じ方向を向きます
Dr. Yukuo Konishi
抵抗が同じって
こんな感じかしら
ふぃ
パ
ふぃ
パ
ふぃっ

両手で赤ちゃんの顔をはさみ、向きをまっすぐにします。

両手にかかる抵抗が同じになったらパッと手を放します。

右に向くことが多いですー
それが向き癖です
赤ちゃんはどちらか一方を見ることが多いんですヨ
5回以上繰り返し、4回以上同じ方向を向いたら、それが向き癖の方向です。

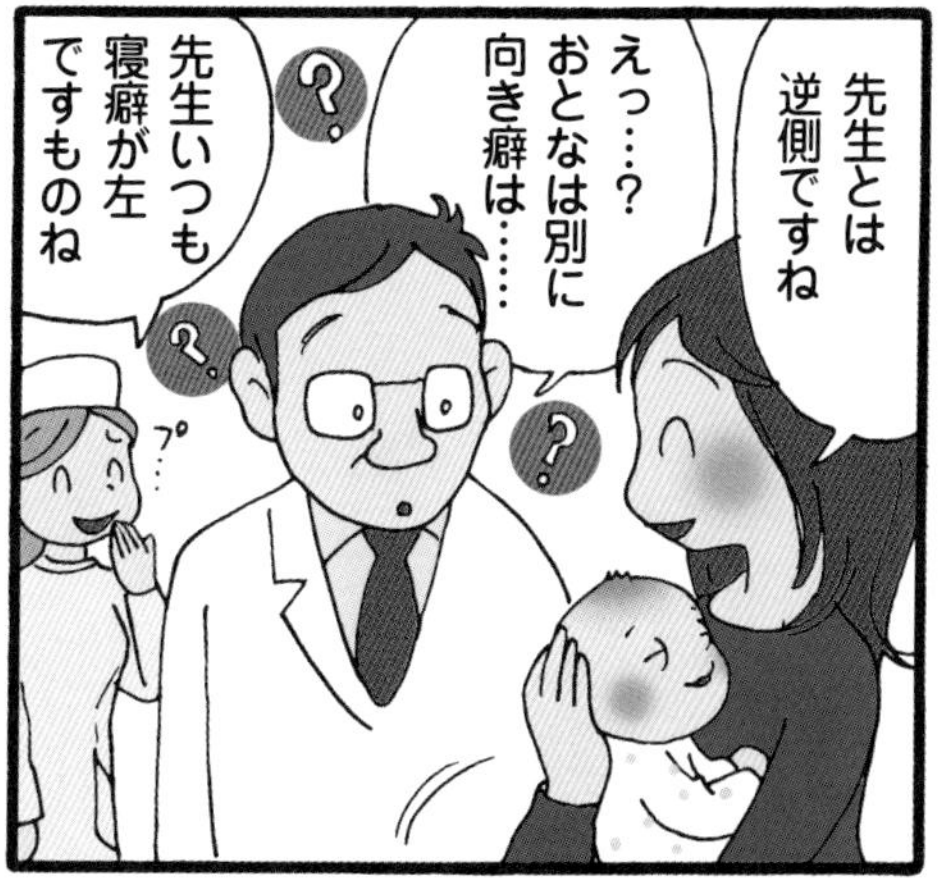
先生とは逆側ですね
えっ…?おとなは別に向き癖は……
先生いつも寝癖が左ですものね
プ…

うつぶせがよいのか仰向けがよいのか……赤ちゃんの寝かせ方の論争は昔からあります。いまでは突然死防止から仰向けがすすめられています。そうなると、お母さん方にとって気になるのがこの向き癖。一方向ばかり向いて、頭の一方が扁平になり困るという声をよく耳にします。でも心配はいりません。寝返りができるころになるとこの向き癖はじょじょに軽くなり、歩くころにはほとんどなくなるようです。

手を押すと、口がパカッ!

バプキン反射と言います。この反射はやがてなくなります。試すならいまのうち!

ヒナ鳥は親鳥が巣に足をかけると
トッ
ピー
ピー
ピー
それを合図に口を開けるらしい
赤ちゃんが手のひらを押されると
パカ
OPEN
口を開けるのと

赤ちゃんの両手を引っ張りあげると同時に手のひらを押します。

やがて、両手を引っ張りあげるだけで口を開けるようになります。
きっと同じようなことよね
あんまり同じ気がしないけど
パカ

バプキン反射って言うからには
パカ
PAMPKIN
かぼちゃと何か関係が
ないよ……「ン」が一コ足りないし

どっちかというと電子レンジ？
レンジ反応とか
いや 昔持ってたカセットプレイヤー
あ！ ウチの炊飯器！ それそれ！
家電かよ…

生まれながらに持つ原始反射には、手のひらを指で触れるとその指を握るという「把握反射」のように理解しやすいものと、「バプキン反射」のように「どうして手を押すと口を開くの」と赤ちゃんに聞きたくなるような反射があります。この反射は手に触れた物を口に持っていこうとする行為だ、と考えることもできます。

違いがわかる赤ちゃん

同じ物を見せていると反応しなくなります。
色や形の違った物には、また関心を寄せるように……。

いつも関心を示すガラガラに反応をしなくなることがあります。
母親学級のママ友だちと
ほーら大好きなカランコロン
反応ないねぇ……
おかしいなぁお気に入りだったのにー
こんなに小さくても同じ物を見てると飽きるらしいわよ
飽きる……その言葉にそれぞれが何かを思い出した
えーまた野菜炒め〜っ
おばあちゃんがまた手づくりの服を…
20枚目…
そろそろ車買い替えたいんだよネ〜

シ〜ン…
オレのせいかっ
色や形を変えて試してみましょう。
あっ そうだ新しいオモチャ買ったんだ! ほーら
ピュー
あっ! うれしそう
赤ちゃんも新しい物が好きよね

私も新しい服欲しいなぁー
あっ 駅前の知ってる?
あ〜っ 見た見た新しい店でしょー
結局おとなでも赤ちゃんでも同じ物ばかりじゃ飽きるのだった
あの… もうおしまい ?、

赤ちゃんには「馴化」＝同じ刺激を繰り返しているうちに慣れて刺激に反応しなくなる、と「脱馴化《だつじゅんか》」＝ちょっと違う刺激を与えるとまたその刺激に興味を示す、という行動特徴があります。発達心理学では、赤ちゃんが外界の刺激をどれだけ認知しているかを探る指標として、この行動特徴を重要視しています。赤ちゃんはおしゃべりができなくても、こうした行動で自分の気持ちを伝えているのです。

1▶4ヵ月

どっちが好き？

お父さんとお母さん、どっちが好きでしょう。
赤ちゃんには好きなほうを向くという性質があります。

お父さんとお母さんでかわりばんこに名前を呼んでみます。
ぶーんちゃん
ぶーんちゃん
ムッ
ふっ
ぶーんちゃん　やっぱりママのほう向いたーおなかの中でもずーっと声聞いてたもんねー
胎生期から聞き慣れたお母さんの声が好きです。

赤ちゃんは周波数の高い音に反応します。
キャー ダイエットしないと! 明日から!
特技 ママのモノマネ!
ム
おなかの中でずーっと聞いてただろー
じーっ

キャー 肉まんだけはガマンできないのー
ぶんちゃんパパを見たら許さなーい!
一応この勝負ママの勝ち
じーっ

おしゃべりをしない赤ちゃんの意思を理解する方法は、前項にあげた「馴化・脱馴化」だけではありません。ほかにも「選好注視」＝赤ちゃんが好むほうを向く、というのがあります。発達心理学では、赤ちゃんが外からの刺激をどのように認知しているかを調べる時、この性質も利用しています。

1 ▶ 4ヵ月

わーい、モビールが動く！

手を動かすとモビールが動く。
赤ちゃん、はじめての学習です。

赤ちゃんの手とモビールをヒモでつなぎます。
最近 じーっと手を見ていることがある
また…
ちょっと実験
カラン
あれ？
あれれ？
カラン

はじめての学習！
そうか！ 手にヒモがついていて、モビールとつながってるんだ
◎
あれ？ 手を動かすと あれが動くぞ
オレ様にできないことはひとつもない！
赤ちゃんにとって はじめての学習です
でも、もちろん手の ヒモとモビールの 関係がわかるのは まだ先ですけど……
Dr.Kaoru

ヒモでつながれていたから動いた、ということまでは理解していません。
あれ？
ヒモをはずしても しばらくは
あれれ？
手を 動かし てます

生まれて間もない赤ちゃんが自分の手をじっと見ていることがあります。「動く……これが私の手、動かしているのは私……」と、自分を確認しているのかもしれません。手とモビールをヒモで結んであげると、手を動かせばモビールが動くということを学習します。ひょっとすると自分の手がモビールまで伸びていると思っているのかもしれません。糸をはずしても赤ちゃんはしばらくは手を動かし続けます。

マスクしたお母さんはイヤ

お母さんがわかっているからこそ泣くのです。
マスクをはずせば、すぐにご機嫌に。

ゆうちゃん
オッパイ
飲もうかー?
ギャーギャー
どうしたの?
急に
これは
お母さんが
マスクを
つけたことで
泣いたんですね
お母さんがマスクをした
顔を見せると泣きます。

「刷り込み現象」と言って
お母さんがいつもと違う
顔だというのに気がついて
泣き出したのです
はずせば泣きやむ。お母さんの顔がわかっている証拠です。
お母さんの顔が
しっかりわかって
いる証拠
マスクをはずすと
泣きやみますよ
ほぎゃ
ほぎゃ
なるほど

じゃあ先生みたいに
メガネをかけている
場合は　はずすと
やはり泣くの
でしょうか?

お母さんのメガネでは
そんなに驚かない
と思いますが
え?!
ボクがメガネを
はずすと
だれもが驚きます
さて　先生のメガネ
をはずした顔は
どんなでしょう?

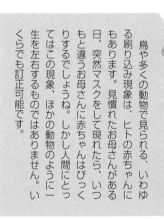

鳥や多くの動物で見られる、いわゆる刷り込み現象は、ヒトの赤ちゃんにもあります。見慣れたお母さんがある日、突然マスクをして現れたら、いつもと違うお母さんに赤ちゃんはびっくりするでしょうね。しかし人間にとってはこの現象、ほかの動物のように一生を左右するものではありません。いくらでも訂正可能です。

1 ▶ 4ヵ月

あぶないじゃないか!

いつもとは違う感覚に反応!
慣れない触覚に対して本能的に払いのけます。

赤ちゃんのはだかの胸にガラガラなど、小さなオモチャを置いてみます。
まぁくん これ持っててねー
なんや
これ?
やめなはれ
手で払いのけようとします。

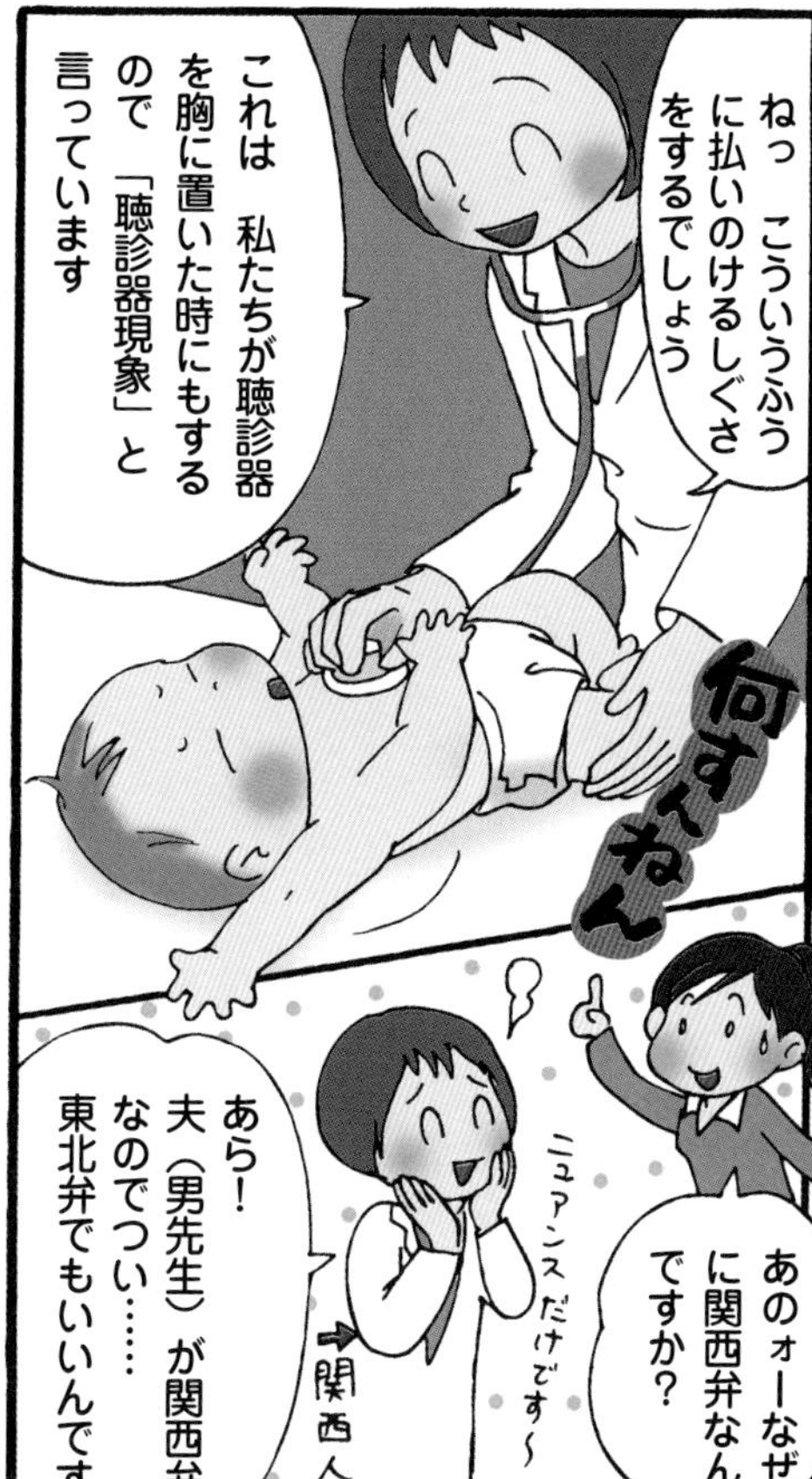
ねっ　こういうふうに払いのけるしぐさをするでしょう
これは　私たちが聴診器を胸に置いた時にもするので「聴診器現象」と言っています
何すんねん
あのォーなぜに関西弁なんですか?
あら!
夫（男先生）が関西弁なのでつい……東北弁でもいいんです
ニュアンスだけです〜
関西人

では東北のニュアンスでも
やめてけれ〜
何《な》したって
こわぇ〜

胎児が顔の前にきた臍帯（へそのお）をいやそうに払いのけるのを超音波の三次元映像で見ることがあります。赤ちゃんが「いやだなー」と感じてとる行動。でもそうした赤ちゃんの反応を楽しんでみてもいいのでは。私たちは診察の合間にこうしてからかって遊ぶこともあります。赤ちゃんの反応がかわいくて、楽しくなってしまいます。

1 ▶ 4ヵ月

思わず歩いちゃいます!

反射で動く「自動歩行」です。一、二カ月で消えます。次に歩く時には本物の歩行に。

赤ちゃんの両脇を手で支え、上体は前屈みになるようにして、床に足の底をつけます。
息子をあやしていたパパがおもしろい動きをすることを発見した
ん?
クンクン
くちゃい
ゆ〜っくり
ゆ〜っくり
おか〜
あしゃ〜
〜ん
まるで歩くように両足を動かします。

ちょっと出ましたー
おむちゅ替えてくだちゃい
歩いて来たでしゅ

じゃあパパのところに行ってお願いしなさいね
ママ忙しいから
ちぇーっ

お釈迦様が生まれた時、七歩進んで「天《てん》上《じょう》天《てん》下《げ》唯《ゆい》我《が》独《どく》尊《そん》」と言ったとか、それはこの歩行のことだったのかも。「自動歩行」はヒトが生まれつき二足歩行するようにできている証拠。それを利用して練習させ、早く歩けるようにしようと考えたのがソニーの井深会長。早期教育のモデルにしようとしたのですが、うまくいきませんでした。

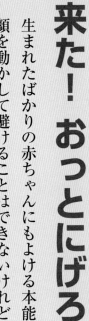

来た！ おっとにげろ

生まれたばかりの赤ちゃんにもよける本能があります。顔を動かして避けることはできないけれど、目を閉じます。

ぼくは新生児くん
まゆげも髪もあんまりないよー
つぶりっ
やっぱり見えてるんだー
でしょー？
もちろん！見えてますよ

手のひらを目の前に急に近づけると、生まれたばかりの赤ちゃんでも目を閉じます。

それに　生まれたばかりの赤ちゃんでも近づいて来る物をとっさによけようとする能力もあるんです
へぇー
こんなに小さいのにー

でも「よけようとする」と言っても実際は目をつぶるだけ
そのへんがまたかわいいでちゅー
つぶり

赤ちゃんは前から近づいて来る物に対して目を閉じたり、頭をうしろに引いたりし、左右に動く物は追って見ようとします。どうやら物が動く方向がわかっています。赤ちゃんにとっては静止より、動いているほうが認識しやすいようです。お母さんも、顔の表情や動きがあったほうが、赤ちゃんには伝わりやすいということですね。

笑ってる!

お母さんとお父さんの笑顔を赤ちゃんに見せてみましょう。
赤ちゃんの笑い方の変化に気づくともっと笑いたくなります。

生後二十日ごろ
にたり…
生後1カ月以内では、口をすぼめるような笑い方をします。
何かたくらんでいるような笑みを浮かべているのを発見
翌々日真夜中のベビーベッドでほくそ笑んでいた!
ニタニタ…
○月×日、寝ていると思ったらけたたましい声をあげギョッとした
ケケケケケ

2カ月を過ぎるとお母さんの笑いかけにつられて口をよこに広げるような笑い方になります。
そして生後二カ月過ぎ
パパー見てー
のんちゃんがのんちゃんがちゃんと笑ってるー!
やったー! やっと人間らしい笑いを!
よかったーあのままだったらどうしようかと……

一時はどうなるかと思ったな!
ぜったい将来悪人ってしぐさだったもんね!
ひどい…

「舌出し模倣」（11頁）と同じように、赤ちゃんは他人の表情を模倣します。生まれてすぐの笑い方は、いわゆる生理的微笑と言われ、口をよこに広げるニィとした笑い方。二カ月では微笑返しという社会的微笑となり、口をすぼめた笑い方をします。もちろんあとのほうが意図的に笑っていて、赤ちゃんも楽しいと感じているのですね。

1 ▶ 4ヵ月

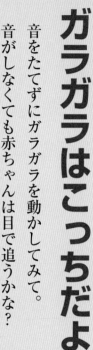

ガラガラはこっちだよ

音をたてずにガラガラを動かしてみて。
音がしなくても赤ちゃんは目で追うかな？

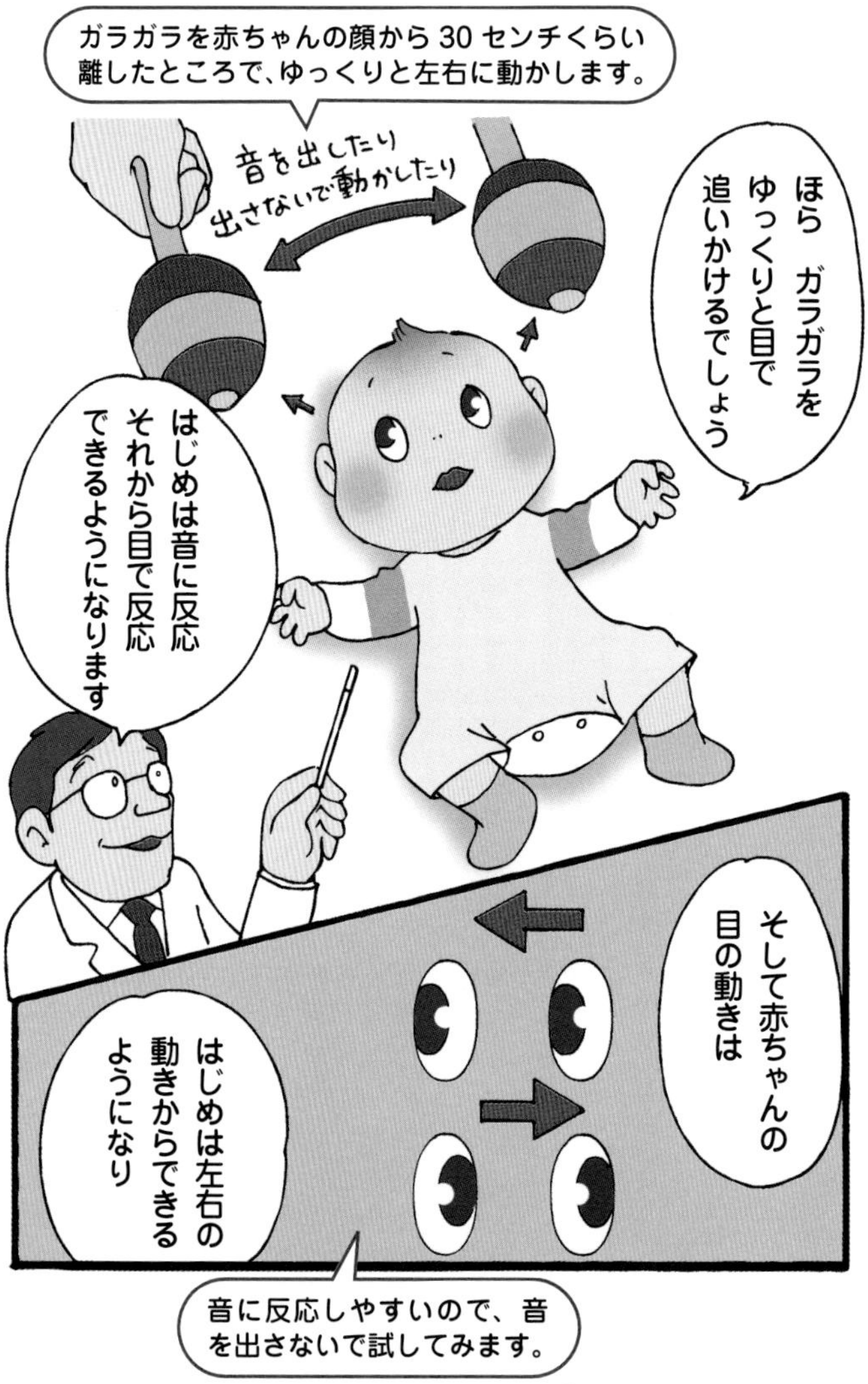

ガラガラを赤ちゃんの顔から30センチくらい離したところで、ゆっくりと左右に動かします。
音を出したり 出さないで動かしたり
ほら ガラガラを ゆっくりと目で 追いかけるでしょう
はじめは音に反応 それから目で反応 できるようになります
そして赤ちゃんの 目の動きは
はじめは左右の 動きからできる ようになり
音に反応しやすいので、音を出さないで試してみます。

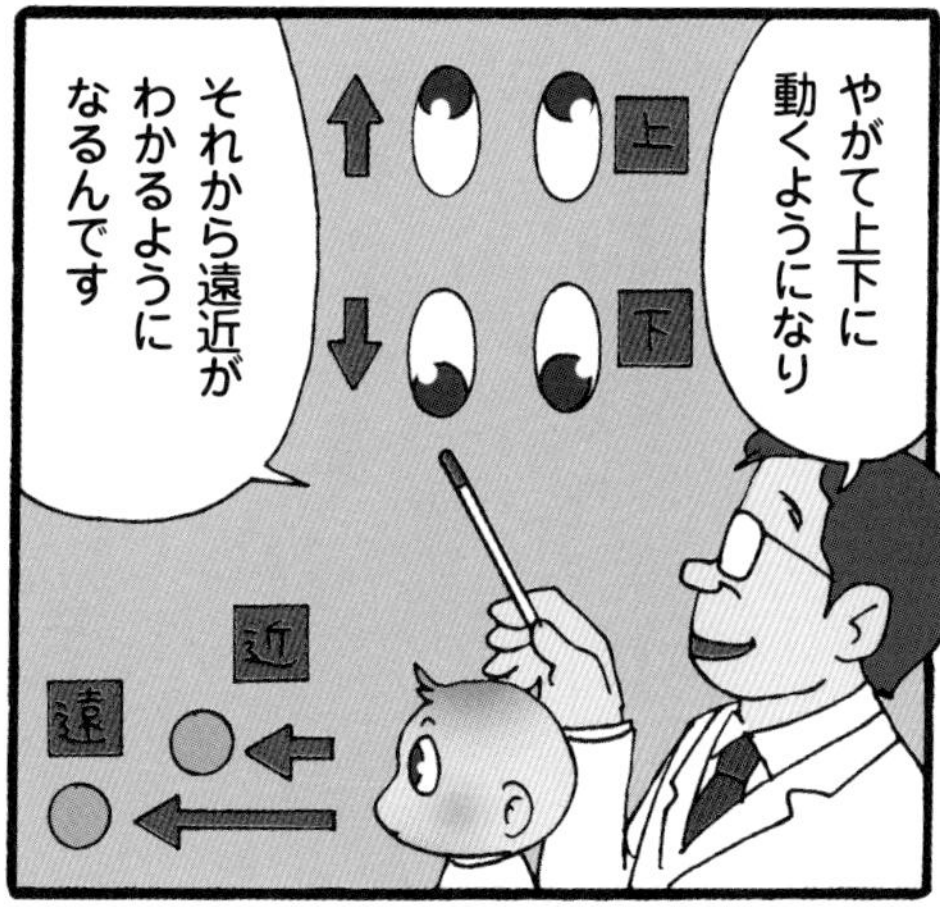
やがて上下に動くようになり
それから遠近がわかるようになるんです
上
下
近
遠

そして遠近がわかるようになった四カ月ごろガラガラに向けて手を伸ばすように…おお なんというか
まさに人間の進歩なり～

なんか感極まって泣いてませんか?
先生ったら赤ちゃんや子どもが好きすぎて…
人間 すごい赤ちゃん万歳!

赤ちゃんが物を注視するのは興味を持っている証拠。その注視の仕方は左右と上下では違っています。左右に動く物の追視は、上下に動く物よりも早くできるようになります。四カ月になると赤ちゃんの前で三六〇度、物を回転させても赤ちゃんはそれを追うことができます。そこで、赤ちゃんは見たくて追っているか……、もしかしたらガラガラの音に興味を示しているのでしょうか? 試してみてください。

1▶4ヵ月

クーイングごっこしよう

赤ちゃんが出す声に合わせて、応えてみましょう。なんだか二人でお話をしているような気分に……。

赤ちゃんが「アーアー」「クークー」などの声を出していたら、まねをしてみましょう。

近ごろよく娘が
んあー あっ あー っぷー
妻まで
くあ～ んあっあっ
日に日に僕の理解を超えた
コミュニケーションになっている……
その上 日々少しずつ それが長く
んなー
意見？
ぷな
そうかしら
なん なー
そうよ
なーあー っく
ホント？
会話状になっており

こちらがまねをしたほうが、しない時に比べて、長時間発声します。

異星人のような気分

にこーー
だからさー
パパも入ってきてよ
会話ごっこよー
内容じゃなくて雰囲気よ！雰囲気！
雰囲気？内容ナシ？
おまえ……僕との会話もそうなんじゃ

がおばあちゃんが来るとさらに
んたっくなの～ふーん
あーたったたよねぇ
あの言葉で盛りあがっている
ガーン
あーたっ たーたっ
← もー 入れません

赤ちゃんが自発的に出す声、クーイングがお母さんにマザリーズ（母親語）を話させるきっかけになると言われています。確かに「クークー」という声に思わず「どちたのー」なんて応えてしまいますね。お母さんの声かけに触発されて赤ちゃんがクーイングすることもあり、クーイングとマザリーズは密接な関係にあります。

生まれたばかりの赤ちゃんと楽しくすごそう

【よこ抱き】
赤ちゃんをあやしたりする時に、お母さんからは赤ちゃんの顔が、赤ちゃんからはお母さんの顔がよく見えるので、この抱き方がおすすめです。寝かしつける時にはこのままゆっくりと足でリズムをとってあげれば、赤ちゃんにとっては天下一品のゆりかごです。

【たて抱き】
赤ちゃんがオッパイを飲んだあとに、オッパイといっしょに飲み込んでしまった空気を出しやすくするためにも、このたて抱きをしてあげるとよいでしょう。また、この姿勢は赤ちゃんにとってはちょっとした気分転換にもなります。なかなか泣きやまない時など、たて抱きをしてみましょう。

楽な抱っこの仕方

近ごろお母さんたちから「腕や肩が痛くて、抱っこが苦手」という話を聞くことが増えています。たしかに、目の前で赤ちゃんを抱いている姿はなんとなくぎごちなく、緊張しているようすが見てとれます。生まれたばかりの赤ちゃんはなんだか壊れてしまいそうで怖いのかもしれませんね。

ちょっとしたコツをつかむことで、もっとリラックスすることができます。参考にしてください。

子守歌・わらべうたのすすめ

さて、楽に抱くことができたら、赤ちゃんの顔を見ながら子守歌を口ずさんでみましょう。最近のお母さんたちは「赤ちゃんに子守歌やわらべうたをあまりうたって聞かせることがない」という調査結果を見たことがあります。それはとても残念なことだと思います。

子守歌やわらべうたは、子どもたちへの愛情に満ちた文化遺産です。そこには親子のコミュニケーションの手段がふんだんに盛り込まれています。

次ページからいくつかの子守歌とわらべうたを紹介します。生まれたばかりの赤ちゃんでも、顔をのぞき込むお母さんの顔をじっと見返したり、近くで動く人の気配を感じて身動きをやめたりします。自分のまわりで起こっていることをちゃんと感じとっているのです。抱っこしてうたってあげる歌や、お世話をしながら話しかけている言葉を赤ちゃんは聞いています。赤ちゃんとのコミュニケーションを実践していただければと思います。

ゆりかごの歌
おそくやわらかに
作詞　北原白秋／作曲　草川　信
1. ゆ りかご の う たを カ ナリヤ が う たうよ
2. ゆ りかご の う えに び わのみ が ゆ れるよ
3. ゆ りかご の つ なを き ねずみ が ゆ するよ
4. ゆ りかご の ゆ めに きいろいつきが か かるよ
ね んね こー ね んね こ ね んね こ よ

ゆりかごの歌

ゆりかごの歌を
カナリヤがうたうよ
ねんねこ
ねんねこ
ねんねこよ

ゆりかごの上に
びわの実がゆれるよ
ねんねこ
ねんねこ
ねんねこよ

ゆりかごのつなを
木ねずみがゆするよ
ねんねこ
ねんねこ
ねんねこよ

ゆりかごの夢に
黄色い月がかかるよ
ねんねこ
ねんねこ
ねんねこよ

■感覚器官に「快」を届ける子守歌

子守歌は、眠る時ばかりではなく、静かで落ち着いた雰囲気の中で、お母さんも赤ちゃんもリラックスしたい時に口ずさみたいもの。

みんなねんね

とうさんねんね
かあさんも
にいさん
ねえさん
あかちゃんも
みんなねんね
みんなねんね
みんなねんね

みんなねんね
わらべうた
とう さん ねん ね か あ さ ん も
にい さん ね え さん あ か ちゃ ん も
みん な ねん ね みん な ねん ね みん な ね ん ね

お尻や背中などをポンポンとリズミカルにたたきながらうたってあげたり、抱っこしてゆらゆらとリズムにのせて揺らしてあげることで、赤ちゃんの脳にある感覚器官「前庭固有覚」を刺激し、赤ちゃんを快くします。

子守歌
♩= 100
日本古謡
1.ねんねん ころりよ おころり よ
2.ぼうやの おもりは どこへいっ た
3.さーとの みやげに なにもろ た
ぼうやは よいこだ ねんねし な
あのやま こーえて さとへいっ た
でんでん たいこに しょうのふ え

子守歌

ねんねん　ころりよ
おころりよ
ぼうやは　よいこだ
ねんねしな

ぼうやのおもりは
どこへいった
あの山越えて
里へいった

里のみやげに
なにもろた
でんでんたいこに
しょうの笛

■覚醒から睡眠への移行をスムーズに

赤ちゃんは眠くなると興奮したり、不快そうに泣くことがしばしばです。まだ、脳の生理的働きが覚醒から睡眠へとスムーズに移行しにくいということが影響しているかもしれません。そんな時には、抱っこして子守歌をうたいながら静かに揺らしてあげましょう。だんだんと心地よくなり、眠ってしまいます。「前庭固有覚」だけではなく、聴覚や触覚から入る刺激が調整されて、気持ちが落ち着いてくるのです。

五木の子守歌
♩= 48
熊本県民謡
お ど ま ぼん ぎり ぼん ぎり ぼん から
さ きゃ お らん ど ぼ ん が は よ
く ーーー ーりゃ は よ も ー ど る ー

五木の子守歌

おどま盆ぎり盆ぎり盆から先《さき》ゃおらんど
盆が早よ来りゃ　早よもどる

おどま勧進《かんじん》かんじん　あん人達《たち》ゃよか衆《し》
よかしゃよか帯　よか着物《きもん》

あすは山こえ　どこまで行こか
鳴くは裏山　蝉《せみ》ばかり

おどんが打死《うつちん》だちゅて
誰《だい》が泣《にゃ》てくりゅきゃ
裏の松山　蝉が鳴く

蝉じゃごんせぬ　妹でござる
いもと泣くなよ　気にかかる

おどんが打死だば　道端《みちはち》ゃいけろ
通る人ごち　花あぎゅう

花はなんの花　つんつんつばき
水は天から　もらい水

ブラームスの子守歌
作詞　武内俊子／作曲　ブラームス
ねん ねん ころ り はー はの ひ ざ は ゆー
め を さ そ う ゆー りーか ご よ ゆ ら
り ゆ ら り ゆ ら り ゆ れ て ゆ め
の そ の へ ち ち をーーの み に

ブラームスの子守歌

ねんねんころり
母のひざは
夢をさそう
ゆりかごよ
ゆらり　ゆらり
ゆらり　ゆれて
夢の園《その》へ
乳をのみに

ねんねんころり
母の歌に
月ものぼる
夢の小みち
ひらり　ひらり
ひらり　ちょうちょう
花のかげへ
宿をかりに

■赤ちゃんのお好みは？

いろいろな子守歌がありますが、赤ちゃんにもお好みがあるようです。「うちの子はどうもブラームスがいいみたい」、「うちはモーツァルトだわ」、「あらーっ、うちはシューベルトよ」などという会話はおおいにあり得ます。何が赤ちゃんの気持ちにフィットするのか、その理由はわかり

モーツァルトの
子守歌

ねむれよい子よ
庭や牧場に
鳥もひつじも
みんなねむれば
月は窓から
銀の光を
そそぐこの夜
ねむれよい子よ
ねむれや

モーツァルトの子守歌
作詞　堀内敬三／作曲　フリース
Andante
poco cresc.
ねむれよいこ　よ　にわやまきば　に
とりもひつじ　も　みんなねむれ　ば
つきはまどか　ら　ぎんのひかり　を
そそぐこのよ　る　ねむれよいこ
よ　ねむ――――れー　や
JASRAC（出）0614960-601

ませんが、赤ちゃんの側に嗜好性があるのは確かです。いろいろな子守歌をマスターして、試してみてください。

くまさんくまさん

わらべうた

く まさ ん く まさ ん りょ うて を あ げて
く まさ ん く まさ ん か たあ し あ げて
く まさ ん く まさ ん こ んに ち は
く まさ ん く まさ ん さ よう な ら

子守歌とは ひとあじ違うわらべうた

わらべうたは昔からうたい、遊び継がれてきたものです。ゆったりとした子守歌に比べるとリズミカルで、それに合わせた遊びもテンポよく、思わず体を動かしたくなります。いろいろな遊び方があるようですが、だいたいが子どもの発達にそってうまくつくられていて、簡単な繰り返し遊びでも、発達の面から見ると奥の深さを感じさせられます。

①♪ くまさんくまさん

子どもの両手を握り、
優しく揺らします。

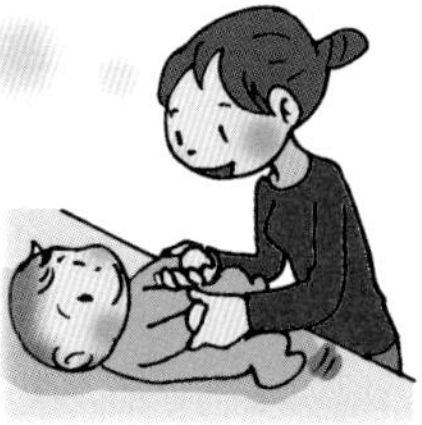

②♪ りょうてをあげて

両手を上にあげます。

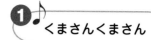

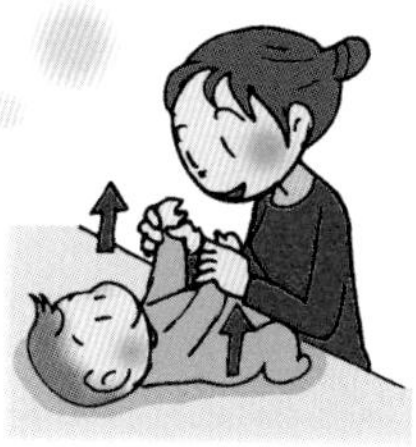

③♪ くまさんくまさん

①と同じです。

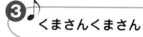

※２番は足で同様にします。

④♪ こんにちは

おとなが顔を近づけ
「こんにちは」と言います。

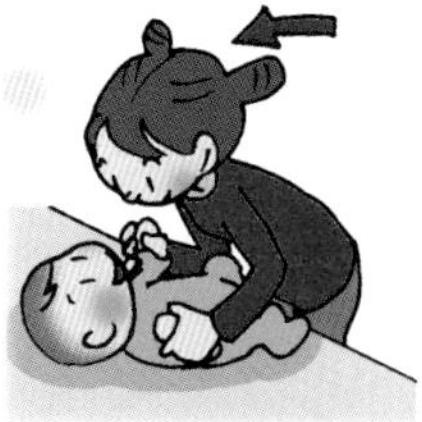

ここはとうちゃん
わらべうた
こ こ は とう ちゃん に た と こ ろ
こ こ は かあ ちゃん に た と こ ろ
こ こ は じい ちゃん に た と こ ろ
こ こ は ばあ ちゃん に た と こ ろ
お は な は だ れ に にたの や ら し ーらない

■「不快」から「快」へと、心の切り替えが育つ

着替えやおむつ替えなど、赤ちゃんが不快と感じているような時でも、話しかけたりリズミカルに歌をうたってあげると、機嫌をなおすことが多いもの。こうした働きかけは、赤ちゃんの「心の切り替え」の育ちと深い関係があります。単調なリズムの繰り返しが多いわらべうたは、赤ちゃんの「不快」を「快」に変えてくれる要素がたっぷりです。

❶♪ ここはとうちゃん にたところ

赤ちゃんのひたいを指で軽く
トントンとたたきます。

❷♪ ここはかあちゃん にたところ

①と同じように口を

❸♪ ここはじいちゃん にたところ

①と同じようにまゆを

❹♪ ここはばあちゃん にたところ

①と同じように耳たぶを

❺♪ おはなはだれに

鼻すじを、すーっと
なでます。

❻♪ にたのやら

両手で顔をなでます。

❼♪ しらない

あごの下を
コチョコチョします。

ぼうずぼうず

わらべうた

ぼう ず ぼう ず ひ ざ ぼ う ず
○ ○ ○ちゃん の ぼう ず こん にち は

■おむつ替えはコミュニケーションのチャンス

おむつをはずすと気持ちよさそうな表情で伸びをする赤ちゃん。「気持ちいいねー」などと声をかけると「ウックーン」とお返事しているかのような声を聞かせてくれることもあります。こうした日々のやりとりから人との交流がはじまります。日本に古くから伝わるわらべうたの繰り返しのリズムを使って、身体をマッサージしてもらうのも、赤ちゃんは大好きなはずです。

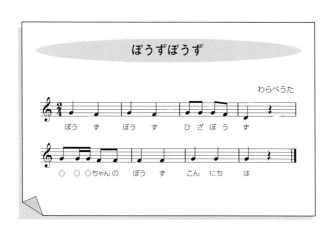

❶♪ ぼうずぼうず ひざぼうず

赤ちゃんのひざこぞうを
なでましょう。

❷♪ ○○ちゃんのぼうず

赤ちゃんの名前を呼んで
軽くひざをたたきます。

❸♪ こんにちは

両ひざをくっつけましょう。

おおやまこやま

わらべうた

おお やま こやま ながさか こえて
せ きぼんと は ね て こ ちょこちょ こ ちょこちょ

おとなが思わず触りたくなる赤ちゃん

ちっちゃな赤ちゃんを見ていると、あまりのかわいらしさから思わず触りたくなりますね。名前を呼びながらあちこちなでなでしてしまうこともあるでしょう。赤ちゃんが機嫌よくしているようであれば、こんな遊びをしてみるのもいいかもしれません。

❶♪ おおやまこやま

おでこをなでます。

❷♪ ながさかこえて

鼻筋をなでます。

❸♪ せきぽんとはねて

口をつつきます。

❹♪ こちょこちょこちょこちょ

あごの下をくすぐります。

MEMO

PART 2

表情が豊かになってきた
赤ちゃんをよく見て遊んでみよう

寝返り、お座り、ハイハイ。
自分で動けるようになってきた赤ちゃんは、
自分からおとなに訴えかけたり、
こちらからの働きかけに応えたりと
とにかく表情が豊かになってきます。
そうした赤ちゃんと楽しく遊ぶには
赤ちゃんの表情の変化をよ〜く見ること。
遊びのツボにはまれば、
赤ちゃんはおおよろこび！

5▶▶8カ月 身近な人に出会うころ

どっちから来るかな？

よこからなら、オモチャが近づいて来ることを予測できます。
上下の動きを予測できるのはもっと大きくなってから。

赤ちゃんと向き合い、よこからオモチャを近づけます。
あー
ズン
ズン
ズン
ズン
ズン
このように　左または右から近づいて来る物には自分の前に来ると予測ができるようで
左から来たら右手
右から来たら左手を伸ばします
ズン
ズン
手前で止めても
STOP
手を握ります
赤ちゃんはオモチャをつかむつもりで手を握ります。

ということは物を避けようとして手を出すんじゃなくて取ろうと思うんですか?
危ない物でもですか?
コブラとか〜
はっはっは危ないものという認識はまだないですから
ましてやコブラなど…

ところが上下に動く物には手を伸ばさないんですよ
金目の物でもですか?
金塊とか〜
伸ばさないです

上下の動きを予測できるのは7、8カ月ごろになってからです。

「相手の動きを予測している」と思わせてくれるのは、赤ちゃんが四カ月のころからです。このころ左右の運動には反応しますが、上下の運動にはまだ反応しません。動かす速度を変えてみるとおもしろいかもしれませんよ。物の動きにうまく手を合わせられずに「あっ失敗した!」なんて赤ちゃんが思うかもしれません。

5▶8ヵ月

イナイイナイバー

はじめての時は、ちょっとびっくり！
でも、だんだんとお母さんの表情に合わせるようになります。

顔が隠れる布を用意します。
ねえパパ ゆきったら イナイイナイバーの時 私の顔によって 表情を 変えるのよ
見ててね
「イナイイナイ」と顔を隠して……
イナイ イナ～～イ
バー
「バー」で顔を出します。
イナイ イナ～～～イ
バー
いろいろな表情で繰り返してみましょう。

お母さんにつられて赤ちゃんの表情も変化します。
バー

ねー！ ゆきちゃんったらおもしろいでしょ？
うん
妻の顔がおもしろすぎて娘の顔見るの忘れてた

しかし実はパパも
イナイイナイ～
バー
つられて同じような顔をしていたのだが気づいていなかった……

生後六カ月ごろになると赤ちゃんはお父さんやお母さんなど、身近な人の存在にとても興味を持ちます。顔を隠すと、赤ちゃんはなんとなく不安そうにしますが、次の瞬間に「バー」と顔を見せると、赤ちゃんの顔がとたんに輝いてうれしそうになります。この遊びをとおして、お母さん、お父さんをますます意識するようになるでしょう。

5▶8ヵ月

「カオナシ」お母さんは嫌い！

赤ちゃんは表情の違いがわかるようになってきています。泣き出す前に、安心させてあげてくださいね。

赤ちゃんに笑顔で話しかけている時に、急に無表情になってみましょう。
ママが急に無表情になるとびっくりすると思います！もう相手の表情を読みとれるようになっていると思いますよ
えーっ　急に無表情って??
こんなかんじですかー!!
あれー どうしたの? 変だった?
キャッ
やだ…… 泣きそうになってるー
赤ちゃんは泣きたい気持ちになります。

でもベソをかく
ってことは
うちの子も……
相手の表情の
変化を
わかるように
なったということ
ですね！

お母さんの無表情
じょうずすぎて
怖いかも……
ほどほどにネ
あらー
うまいですか？
けっこう
楽しいです
無表情
ひ〜〜

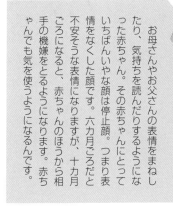

お母さんやお父さんの表情をまねしたり、気持ちを読んだりするようになった赤ちゃん。その赤ちゃんにとっていちばんいやな顔は停止顔。つまり表情をなくした顔です。六カ月ごろだと不安そうな表情になりますが、十カ月ごろになると、赤ちゃんのほうから相手の機嫌をとるようになります。赤ちゃんでも気を使うようになるんです。

ナイナイ

見えてなければ「ない」から、見えてなくても「ある」と理解できるようになることは大きな成長です。

赤ちゃんがじっと見ているオモチャにハンカチをかぶせます。
ちょっといじわるをして突然オモチャをなくしちゃいましょう!
下にあるよぉ～～
まぁ、いっか…
じ～
4、5カ月では、すぐに目をそらしてしまいますが、月齢があがると、ハンカチを見つめる時間が長くなります。

ハンカチをとりのぞくと、
うれしそうな表情になります。
リョウくん いじわるして ごめんねー
すごくうれし そうですねー
ええ いままでは 目の前から消えれば 「ない」だったのが 「ある」とわかって きたんですよ
そのうち自分で ハンカチをとろう としますよ!

どんどん知能が発達してるんですね!
そうですね!
発達しすぎて「ない」ものまで「ある」と思うおとなにはならないようにねー
ははは…

これを「物の永続性がわかる」、つまり、そこにある物はたとえ見えなくてもなくなりはしない、と知っているということで、一種の記憶です。お母さんをずーっと覚えているという長期の記憶とは違い、短い間覚えていられることを言います。だから、あまり長く隠すのは意味がありません。

同じ色、形のコップを２つと、
小さなオモチャを用意します。
さあ よーく見てるんだぞー
次に紙や布などで１、２
秒オモチャを隠します。
な〜い な〜い
赤ちゃんがオモチャを十分に見たあと
に片方のコップでオモチャを隠します。
なーい なーい

5▶8ヵ月

どーっちだ？

どっちのコップに入っているか……記憶のはじまりです。七、八ヵ月では入っているほうへ手を伸ばすようになります。

さあどっちに
こっこいたかな～……
パッ

紙や布をとりのぞくと、赤ちゃんはオモチャを隠したほうのコップを見ます。
あっ　入ってるほうのコップを見てるわよ
言えなくてもわかるんだよねきっと
じ～

言うよりツッコミたい……と息子は思ったかもしれない
足が出てるよ…
こっちだっけ～？

記憶力テスト！　六カ月ごろになると少しずつできるようになります。これは「ワーキングメモリー」、つまり一時的に記憶を保存し、必要に応じて引き出す「作業記憶」と呼ばれるものの誕生です。正解したあと、入れるコップを変えてしまうと、はじめのころは不正解になることが多いようです。正解率は発達とともに高くなっていきます。これも勉強のひとつかな？　遊び心を忘れないでね。

おっとっと!

急激な姿勢の変化に対して反射的にバランスをとろうとするこのパラシュート反射は、反射運動が育っている証です。

赤ちゃんを両手で支えながら、急によこに傾けます。
体を支えるように、傾いたほうの手を出します。
ぱ
こうやってバランスを急にくずすとパッと手が出るようになりましたね!
おっとっと〜〜
ぱ
これは反射運動のひとつでパラシュート反射って言うんですよ
パラシュート!?…ですか
パパ ちょっと…
そうかなあ〜

ぼくなら「だるまさん手つき反射」にするけど……フーン
ふわん
赤
パラシュートなんて思いつかないなぁーロマンティックだ！

えーええ　この先つかまり立ちしたりする時　頭を打たないようにする大切な反射です
いやーパラシュートですかー一本とられたなァ
うんうん
もういいってば

お座りやつかまり立ちをはじめるころになると、赤ちゃんはひっくり返りそうになると手を出します。お座りの状態から左右に傾けると、傾くほうの腕を伸ばして体を支えるかのように、またつかまり立ちをするころには、前に倒すとパッと広げた腕を前に出し、頭を打たないように防御します。これをパラシュート反射と言います。

5▶8ヵ月

ちょっといじわる……

赤ちゃんにとって意外な行動をとると、「どうして？」という表情をします。相手の気持ちを推し量《はか》る心が育ちました。

赤ちゃんにオモチャを見せると、手を伸ばしてきます。
最近もえちゃんおもしろいのよねーこうしてオモチャを近づけて
ホ〜ラ
いじわるして渡さないのこれを何回かやるとね……
手が触れる前にオモチャを引っ込め、手の甲で隠すようにします。4〜5回繰り返します。

「どうして？」とでも言うように相手の顔をじっと見ます。
ほら！ 何か目で訴えるのよ
かわいいでしょう？
なぜ？
どうして？
パパ たしけて…
うる うる
※言ってません

かっ かっ
かわいそうじゃないかー！
いじわるするなよー
もらい泣き〜
トホホ…
わかった もうしない から

七カ月ごろの赤ちゃんは、お母さんやお父さんが差し出すオモチャに、なんの疑いもなく手を出してきます。オモチャを隠したり、渡さないでいると、赤ちゃんは不思議そうに相手の顔を見ます。これは「社会的参照」と言われる行動。相手の表情を見てその気持ちを読もうとする……つまり、不信感のはじまりと言えるかもしれません。

回っちゃいまーす

腹ばいの姿勢で体をひねりながら回転移動。この動きは歩行への土台づくりになっています。

腹ばいになっている赤ちゃんのうしろから、オモチャなどの音を出しながら声をかけます。
はーい 今日のエクササイズ!
ケロ〜ン
ケロ〜ン
まーくんの好きなケロケロだよー
よいしょ よいしょ
こっち こっちー
ケロ〜ン
最初は振り向くだけ、でもだんだんと上体をひねりながら、回転するようになります。

頑張れ
もうちょっと
ケロンケロ〜ン♪
ゆっくり移動
今日は
三六〇度
だー
ケロ〜ン♪

よーし
頑張った！
いい運動
したなー

さあ！
ママの番だぞー
少し運動
しよう！
ほっといてっ
どすこーい
どすこーい

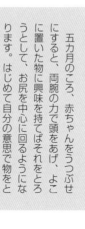

五カ月のころ、赤ちゃんをうつぶせにすると、両腕の力で頭をあげ、よこに置いた物に興味を持てばそれをとろうとして、お尻を中心に回るようになります。はじめて自分の意思で物をとりにいく行動です。これは同一方向へ回ることが多く、利き手、利き足が関係しているようです。どっちに回るかは赤ちゃん次第というわけです。

5▶8ヵ月

ツンツンしましょう

ひざをリズミカルに曲げることができるようになりました。
リズムに合った声をかけると、声をたててよろこびます。

赤ちゃんを支えて、足の裏を着けて立たせます。ひざを伸ばして体重をかけるようなら、自分でひざの曲げ伸ばし運動を楽しめます。
ツン ツン ツン
ツン
ツンツン じょうずだなー 好きなんだな
父は小さな夢を持った ばかげた夢だが どうしても かなえてみたかった
今しか チャンスが ないしなー
そしてわざわざ休暇をとって 妻の実家に行った 夢をかなえる ために
キーン

実家のみんなが見あたらない時をねらい　応接間に行き
さあ！　念願の足ピアノ弾こう！
チャーンス
ポロ〜ン
ポロン

ビク〜ッ
バァ〜〜ン♪
バ〜ン♪
どうしたの？
ギャ〜
ギャ〜
夢あっけなく終わる

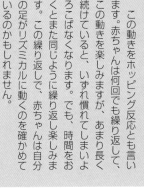

この動きをホッピング反応とも言います。赤ちゃんは何回でも繰り返して、この動きを楽しみますが、あまり長く続けていると、いずれ慣れてしまいよろこばなくなります。でも、時間をおくとまた同じように繰り返し楽しみます。この繰り返しで、赤ちゃんは自分の足がリズミカルに動くのを確かめているのかもしれません。

こんどはママよ

「どうぞ」「こんどはママよ」などと、赤ちゃんとのやりとりを楽しむ遊びは、コミュニケーション入門編です。

ママの持っている物を赤ちゃんに渡します。
「こんどはママよ」と言いながら、赤ちゃんからとります。
こんどはママよ
スッ
お母さんが声をかけながらやりとりの練習です
はーい どうぞ
こんどはママよ
また、「はい、どうぞ」と赤ちゃんに渡します。

どーぞ!
はいこーちゃん
こーちゃんママと遊ぼうねー
たん
BEER
こんどはパパよー

はーいどーぞ
BEER
…
BEER
こんどはパパよ
BEER
んぐんぐんぐー

向かい合って、物のやりとりができるようになると、なんとなく幸せな気分になるのは、これが一種の会話、すなわちコミュニケーションだからです。つまり、ここでやりとりされるのは物ではなく、言葉や気持ちなのだということ。子どもが素直なこの時期にしっかりコミュニケーションを楽しんでおきましょう。

5▶8ヵ月

ふんわ〜り

ハンカチふんわり気持ちがいい。
ハンカチとればお母さんの顔が見える……と期待！

少し厚手でやわらかな布などを赤ちゃんの顔に「ふんわり」とかけます。
ふんわり
赤ちゃんが自分でハンカチをとりのぞくのを待ちま
あっ ようちゃん いたー！
これは ふんわり 心地よい感覚と 自分で ハンカチを とる楽しさ
名前を呼ぶなどして、声をかけましょう。

そして　最後に
お母さんの顔が
待っているという
期待感があり
ようちゃん
いたー
ニコー
キャッキャッ

このように
うれしそうに
笑ったり
声をたてて
笑ったりします
ふんわり

ちなみに私の顔
が待っていたり
すると
あ
ようちゃん
いたー
一瞬の笑顔のあと
なんだチミはっていう顔
ですねー　はっはっはっ
・・・・

ハンカチは少し厚めの物にしてください。透けて見えないことが重要です。目の前が見えなくなっても、ハンカチがなくなればまた同じ物が見えることを赤ちゃんは知っています。ハンカチをとった時に、もしお母さんがいなくなってたらどうするでしょうか？　こんないたずらもおもしろいかもしれません。試してみて！

5▶8ヵ月

いろんなお顔

このころになると、人につられて表情を変えるというより、意図的にまねをするようになります。

向かい合って座り、いろいろな表情をつくって見せます。
あい〜
あ〜い ちゃ〜ん
「イナイイナイバー」の時と違って、いったん顔を隠さずに表情を見せ続けても、変化をまねすることができます。

ほら
い〜だ
あい〜ん
ひゅ〜〜
にひ〜〜
レロ〜ン

その夜
これはどうかな？
新作……
カッパ
そこまで頑張る必要ないと思うの……
顔痛い……
湿布
筋肉痛

表情の理解と模倣はコミュニケーションをとる時の重要な要素です。ある研究では、赤ちゃんが表情を理解するということは、単に表情を見分けているだけではなく、その表情が持つ感情までも理解している、と言っています。赤ちゃんは遊んでいる時だけではなく、いつもお母さんの表情＝感情を気にしているのかもしれません。

5▶8ヵ月

鏡の中にはだれがいる?

鏡に映る自分の姿を「自分だ」とわかるようになりました。
鏡の中で、楽しいお話ごっこを……。

抱っこをして、鏡に映る赤ちゃんと目を合わせます。
あ～れ～
だれだ～?
まあちゃ～ん こっちこっち
あーあ
あっ かわいい 王子様が!
鏡の中の赤ちゃんに話しかけましょう。

ああーっ
なんと美しい
娘さんが！
たいへんだ！
こっちにも
ステキな
お嬢さんが
いるのに
いったい
どっちを選べば
いいんだ

なんてことだ
うり二つの
絶世の美女に
囲まれて
あのぉー
美しい娘
さんとやら
そろそろ
ごはんを…

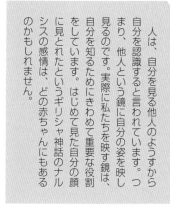

人は、自分を見る他人のようすから自分を認識すると言われています。つまり、他人という鏡に自分の姿を映し見るのです。実際に私たちを映す鏡は、自分を知るためにきわめて重要な役割をしています。はじめて見た自分の顔に見とれたというギリシャ神話のナルシスの感情は、どの赤ちゃんにもあるのかもしれません。

5▶8ヵ月

ひっくり返して遊ぼ！

手首を回転できて、物を持つこともできる。でもつかんだ物をうまく手放せない。そんな発達段階にはこんな楽しみ方も。

赤ちゃんが器をひっくり返すようになったら、器の中に紙やブロックなどを入れておきます。
えい
赤ちゃんの前に何か入れた器を置きひっくり返すと赤ちゃんもよろこんでまねをします
紙片など
はい みっちゃん
ばーんしていいよ！
カターン
やってみると意外とおとなでもカイカン！

いいの？　こんなことさせて
クセにならない？　本物とか？
うん！　かえって早く卒業できるみたいだし楽しいのよ
カターン
ボリボリ
ねえ　実はやってみたいことがあるんだけど…
え！　私もやってみたーい　じゃそれは外でさ！

休日の早朝　公園の芝生の上で
えーい
あははは
やったー　次ママがやるー
あこがれのちゃぶ台ひっくり返し
紙皿
紙コップ
&
水
みんなでいっしょに楽しんじゃいましょう。

赤ちゃんは意外な動きに興味を持ちます。ですから、いったん持った物をそのまま置くよりも、ひっくり返すことで、そこで展開するできごとのおもしろさに魅力を感じます。食事の時などにこうしたできごとに出会うと、お母さんまでが、びっくりしたり、怒ったり……それがまた赤ちゃんにとってはおもしろい。いっそ、赤ちゃんといっしょに遊びにしてしまいましょう。「食事の時にはだめ！」も、ちゃんとわかるようになります。

5▶8ヵ月

ポイポイでバイバイ

「ポイ」と投げると、「バイバイ」と姿を消す。でも、落ちた物が下にあることを赤ちゃんはちゃんと知っています。

赤ちゃんは机の上の物を払うように、下へ落とします。
なーい
あ！あった
あったねー
「あったー」と言いながら拾ってあげましょう。

お母さんも赤ちゃんのまねをしてみましょう。
あ！
なーい
下に
あるもーん
ああーーっ
カエルになってる！

あれー？
こんなことをするために ずっと隠れて待機とは
トホホ

このころの赤ちゃんは、わけもなく物がなくなってしまうとは思っていません。ですから、急に消えた物がどこに行ったのかとても興味を持っています。ゴロゴロと転がりながら机の下に転がっていく物を目で追ったり、探したりします。そして見つけるとニッコリ……。「やっぱりあった!」と思っているに違いありません。

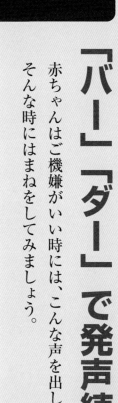

5▶8ヵ月

「バー」「ダー」で発声練習

赤ちゃんはご機嫌がいい時には、こんな声を出しているはず。そんな時にはまねをしてみましょう。

あっあー
あっ
ちょっとまねっこのつもりだったのに
赤ちゃんと同じ声を出してみます。
あっあーあ
即興の振りつけをして
んばー
んばー
あっあー
んばー
あっ
あー
あっ
あー
リズムや動きをつけても楽しいものです。

ばぁー
ばぁー
だっだー
だっだ
ばぁ〜
だっだ
あっあー
音に合わせて その時思いついた振りつけをやっているうちに！
あっあ
つい盛りあがり気づくとうしろに
赤ちゃんは、ますます声を出すかもしれません。

夫が立っていた……
んばば〜
……

赤ちゃんが「バー」「ダー」と声を出している時、よく聞いていると、まるで家族に話しかけているようです。声を出すことがコミュニケーションの手段であることを知りはじめ、語りかけたいと思っているのです。この声かけにはおおいに応えましょう。お母さんもお父さんもいっしょにレッツ、トーキング！

5▶8ヵ月

どこまでも続いているよ

多くの赤ちゃんが出会う、魅力的なティッシュ遊び。でも、「ほとほと困る」とおっしゃる方にこんなアイデアも。

ハンカチをつないで箱などに入れておきます。
ティッシュを出しまくり遊ぶようになったので
ハンカチの端を結びティッシュの空箱に
よし！これで散らからないわ！
私って頭いい
娘とーっても気に入ったもよう!!
シュッ
シュッ
シュッ
本当に好きなのね
終わっちゃったね
最後まで出したら、また入れてあげましょう。

すぐに終わっちゃう↓娘悲しい↓
母また入れるの面倒くさい
ならば終わらないようにすれば
いいのでは!?
永遠に出ます!!
私って天才!?

が　つくってあげると　娘はすぐに
見向きもしなくなった
終わらないと、やった気もしないよね……
ガク…

赤ちゃんにとってティッシュペーパーの魅力は次から次へと出てくること。ただお母さんに怒られるのがちょっと問題。でもそれすらも赤ちゃんは楽しんでしまっているかも。お母さんがやりきれなくなった時は、ハンカチをつないでちょっと一息……。でも、あまり長続きはしないかもしれません。だってティッシュは切れるくせにつながっている不思議なもの、この魅力にはかなわないでしょう。

動きはじめた赤ちゃんと楽しくすごそう

【寝返り】
首がすわり、うつぶせの姿勢も、どことなくしっかりしてきたと感じるようになると、そろそろはじめるのが寝返りです。自分の力で体を移動させる最初の動き。ちょっと手伝ってあげたい時には、腰を軽く押してあげると回転しやすくなります。

【向かい合った抱っこ】
背中がしっかりしてきた赤ちゃんは、おとなのひざの上に向き合って座らせることができます。赤ちゃんと間近に目を合わせてお話しするのには、とってもいい姿勢。でも、背中は手で支えておいてあげましょう。

わらべうたにのせて伝承遊びをしよう

赤ちゃんとのやりとりもいよいよ活発になってきました。ここに、このころの赤ちゃんとおつき合いする時の姿勢をいくつか紹介してみました。参考にしてみてください。

　さてここで、わらべうたなどをうたいながら、手足を動かして遊ぶ伝承遊びをおすすめしたいと思います。

　伝承遊びの多くが体に触れたり、手をつないだり、お互いのぬくもりを

【同じ方向を見た抱っこ】
おとながあぐらの形に座り、その中に赤ちゃんをすっぽりと座らせるのは、赤ちゃんにとってはほんわかやわらかく、安定感のある特上のイスです。おとなが手に持つオモチャをいっしょに見ながら遊ぶのにも都合がいいですね。

【ハイハイにおつき合い】
腹ばいのままで体の向きを変えたり、ずりずりと前進をはじめると、そろそろハイハイをするかもしれません。このころの赤ちゃんの目線はとっても低いところにあります。そこでお母さんやお父さんもうつぶせになり赤ちゃんと目線を合わせて遊んでみるのも楽しいものです。

感じ合える遊びになっています。こうした経験は、赤ちゃんに心地よさや安心感を伝えるばかりでなく、人と接する楽しさを学ぶきっかけにもなります。

　また繰り返されるやりとりから、赤ちゃんは相手の要求や言葉を理解するようになり、自分でも身振りや喃語を使って、相手に自分の要求を伝えるようになっていきます。

　つまり、伝承遊びはコミュニケーションの土台づくりにおおいに役立つことになるのです。

こっちのたんぽ
わらべうた
こっ ち の たー んぽ たー んぽ や
こっ ち のたー んぽ たー んぽや お つ むてん てん
カッ ク リカッ ク リイナイ イナイ バアー

■イナイイナイバーが大好き

五カ月ごろになると、あやすと手足をばたばたさせながら声をたてて笑う「おはしゃぎ反応」が盛んになります。首がしっかりとすわって周囲を見回せるようになったぶん、興味のある物には手を伸ばすなど、積極的な行動が目立ってきます。何かを見比べたり、こちらの行動を予測したり、という心も育ち、「イナイイナイバー」が大好きになるのもこのころなのです。

❶♪こっちのたーんぽ たーんぽや

右手で左うでをたたきます。

❷♪こっちのたーんぽ たーんぽや

左手で右うでをたたきます。

❸♪おつむ　てんてん

両手で頭をたたきます。

❹♪カックリ　カックリ

両手を胸の前で回転させます。

❺♪イナイ　イナイ　バアー

一本橋こちょこちょ

わらべうた
いっぽんばし こちょこちょ すべってたたいて
つねって かいだん のぼって こちょこちょ

いろいろな触られ方が好き

たたいたり、つねったり、くすぐったり……いろいろな触覚の違いを楽しめるのがこうした遊びです。リズムを覚え、動きを覚えた赤ちゃんは、自分で言葉にしてうたえなくても、気持ちはすっかりうたってくれているお母さんといっしょ！「こんどはこちょこちょだ……来るぞ、来るぞ」と次の動きを予測して待っています。そしてそのとおりになると「ほらね、やっぱり……ひぇーくすぐったい」と笑いが止まりません。たまには急に手を止めてフェイントをかけてみてもおもしろいかもしれません。

❶♪ いっぽんばし こちょこちょ

赤ちゃんの手のひらを
人さし指で触ります。

❷♪ すべってたたいて つねって

赤ちゃんの手のひらで指を
すべらせ、

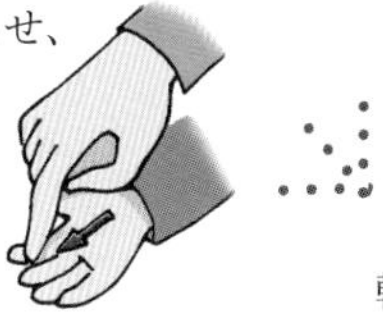

軽くたたき、

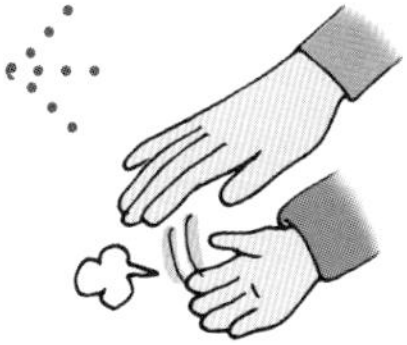

ちょっとつねります。

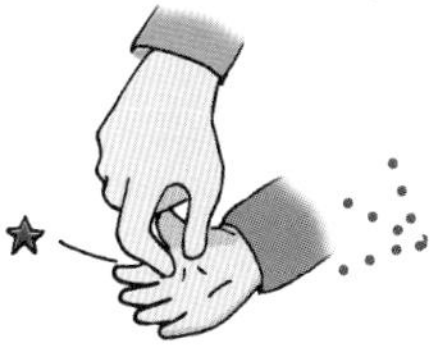

❸♪ かいだんのぼって

２本の指で赤ちゃんの腕を
つたって肩の方へ。

❹♪ こちょこちょ

赤ちゃんのわきの下などを
くすぐります。

やおやのつねこさん

作詞・作曲：不明

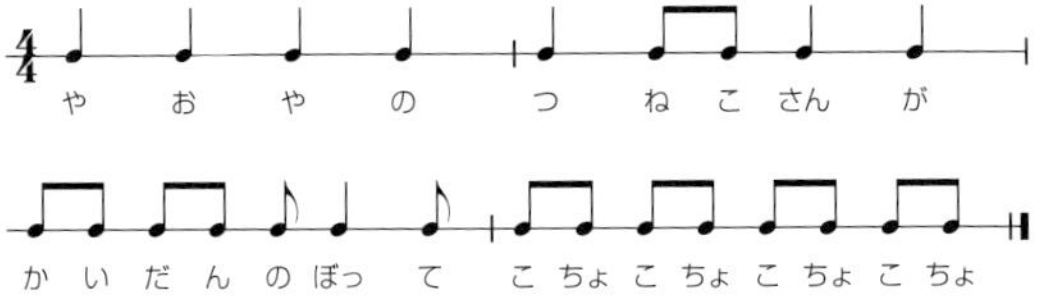
や お や の つ ね こ さん が
か い だ ん の ぼっ て こ ちょ こ ちょ こ ちょ こ ちょ

もっとやって！

お母さんの手が赤ちゃんに伝えるいろいろな感触に、赤ちゃんは楽しさと同時に、安心や信頼を感じとります。赤ちゃんが見せる笑顔に、相手をしている側も、思わず頬ずりをしたくなるほどのいとしさを感じることでしょう。こうした心の交流がますます赤ちゃんを元気にしていきます。遊びを中断したりすると「んー、んー」と言ったり、大きな声を荒々しく出して催促したりします。お母さんの都合で遊びを終わりにする時は「はい、今日はここまで、またしましょう」と声をかけてからにしましょう。

❶♪ やおやの

赤ちゃんの手をつつむようにします。

❷♪ つねこさんが

赤ちゃんの手の甲をつまみます。

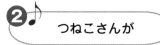

❸♪ かいだんのぼって

２本の指で腕をのぼっていきます。

❹♪ こちょこちょこちょ

からだをくすぐったり、なでたりします。

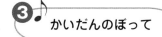

ちょちちょちあわわ

わらべうた

ちょ ち ちょ ち あ わ わ かい ぐり かい ぐり
とっ との め おつ ー むてん てん ひ じぽん ぽん

時にはまねをします

八カ月ごろになると、喃語がさかんになります。「ダーッ」「バーッ」といった音を出し、まるで発声練習でもしているようです。このころになると、歌詞の一部をまねて繰り返し発声することもあります。まだ、意味までは理解していませんが、繰り返して遊んでいると、ふっと、自分からまねをして「あわわ」などと言うこともあります。

1♪ ちょちちょち

赤ちゃんの手を持って２回拍手します。

2♪ あわわ

赤ちゃんの手を口にあてます。

3♪ かいぐりかいぐり

両手を胸の前でぐるぐる回します。

4♪ とっとのめ

左の手のひらを右の人さし指でつつきます。

5♪ おつむてんてん

両手で軽く頭をたたきます。

6♪ ひじぽんぽん

片手でもう一方のひじをたたきます。

MEMO

PART 3

コミュニケーションが楽しい
赤ちゃんと遊ぼう

ハイハイからつかまり立ち、いよいよあんよがはじまるかな？　というこの時期。

赤ちゃんの活動範囲はどんどん広がっていき、探求心もいよいよ旺盛になってきます。

まわりのおとなとのやりとりは複雑になり、相手の表情や感情までも読みとろうとします。

このころの赤ちゃんと楽しく遊ぶには、赤ちゃんからの働きかけに応えていくこと。

四六時中ではたいへんですから、時間を決めて、じっくり遊んでみるのもいいのでは。

子育ての楽しさをおおいに実感してください。

9▶▶12カ月 人や物に出会うころ

9 ▶12ヵ月

ついておいで！

赤ちゃんからどのくらい離れると追いかけて来ますか？
それを「最適距離」と言います。さて、どうでしょう？

赤ちゃんといっしょにいる場所から、じょじょに離れて行きます。
赤ちゃんは自分で移動できるようになるとどうもママとのあいだに見えないヒモができるようです
機嫌よく遊んでいるわね……
この見えないヒモがいっぱいいっぱいになると
いまのうちに残りも干しちゃおー
ピーン

ある距離になると、赤ちゃんはあと追いしたり、泣き出したりします。
ヒィィィィ
あと追いをしたり泣いたりするみたい
さあ　この子によって違うのでその距離は測ってみましょう
ママが少しずつ赤ちゃんから離れてみます
平気
最適距離
ある地点から赤ちゃんは追ってきます
不安

この最適距離は個人差がありますがだんだん伸びてきます
この子はすごく短いのですがパパが長すぎなんですよね

お母さんがこの距離内にいると安心。でもそれ以上離れるのはいや。そして、この最適距離はだんだんと広がり、やがては「同じ部屋の中ならいい」から「同じ家の中なら」……そしていつの日か「お母さんともっと離れていたい」なんて言い出します。「子どもって勝手だな」と思う時期が来るのです。それが発達なのです。

9▶12ヵ月

こっちへおいで!

どのくらいの距離なら赤ちゃんは近づいて来るでしょうか？
自分で動ける距離を赤ちゃんはちゃんと測っているのです。

お母さんのほうからゆっくりと名前を呼びながら近づいてみます。
さあ たーくん おいでー
こっちよー
……
遠いからヤダ
もう少し近づこうかー
おいでー よしよし 来たねー
まあこのぐらいなら…
赤ちゃんは自分で移動できる距離なら近づいて行きます。

つまり　これは赤ちゃんと
いえども　自分の移動能力
範囲内の距離かどうかを
測っているとも言えます……
ぼくの能力
ママ
つまり　やみくもに動いていない
ことがわかります
しかし！
この
「ぼくの能力」も
はいママ
これもって
呼んでみてー
はい

たっくーん
おいでー
大好物
けっこう
簡単に
伸ばせたり
して
はい
は〜い
能力こえてます！
興味を引かれる、その物の魅力の強弱にも影響されます。

「ついておいで」の反対。おもしろいのは歩きはじめた赤ちゃんでも、時にはハイハイしたり、あるいは自分は動かずに泣いて呼んだりします。つまり、いくつもの戦略の中から、その時により適当な方法を選んでいるのです。「この距離なら持って来てくれる……」なんて読んでいるのかも。気をつけましょう、利用されないように！

あっち！

「お母さんがなにか言っている……どれ？」から「指さし」や「あっち」を理解するようになります。

赤ちゃんと目線を合わせてから、なにかを指さします。
ななちゃん
じー
あれ
あれは違うのー
だんだんと指さした先を見るようになります。

やがて、「あっち」の意味を理解するようになるのです。
あっち
あっちが……
どこが違うかと言うと
こっちはおみやげ持ってません
んがーーっ

くおーーーっ
パパでしたー

こうした行動を「共同注意」と言います。つまり相手の意図を読み、同じ方向を見る。相手の「指をさす」という行動の意味がわかりはじめると、今度は赤ちゃん自身が「あれとって」「これちょうだい」と、指さしを使うようになります。こうした気持ちを表現する動きができはじめると、赤ちゃんとの遊びがますます楽しくなります。

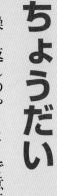

ちょうだい

繰り返しのやりとりで意味を理解するようになります。
手の動きが成熟することでじょうずに手渡せるように……。

両手を重ねて上に向け「ちょうだい」と言います。
ちょーだい！
ちょーだい
赤ちゃんは最初はわかりませんが　そのうち意味がなんとなくわかってきます
そして意味がわかっても…

意味を理解しても、手放せない時期があります。
まだ物からうまく手が放せないので
持ったまま手を引っ込めてしまいます

ひろくんはパパの一万円札ばっかりとるよねー
なんでー？
ママ怖いから！

だんだん手の動きが成熟すると手渡しできるようになります
はいありがとう
手の動きが成熟し手渡せるようになります。

赤ちゃんが、相手のしぐさの意味を理解するには繰り返しが必要。また、「ちょうだい」という一方通行だけでも覚えにくいもの。そこで「ありがとう」と言ってお返しすることが重要になります。こうしたやりとりは言葉と動作をつなぐだけでなく、気持ちの交流も呼び起こします。やがて気持ちを込めた会話に至る入り口なのです。

あたしだけを見てー

九カ月ごろになると嫉妬をします。嫉妬は大切な心の育ち。おとなの場合は別ですが……。

娘のやきもちが見られるかなーと
かわいいなー
赤ちゃんの前で赤ちゃんのことは無視して人形をあやします。
やがて、赤ちゃんはべそをかきます。
しばらく娘を無視して人形をかわいがると
ム…
ううっ
ベソをかいた
ごめんごめーん みーちゃんのほうがかわいいやー

それを見ていたパパもみーちゃんにやきもちを焼いてほしくて
かわいいかわいい——!!
ム…
うっうっ…

みーちゃんが行くまでいじけていた……
ほらパパのところに行ってあげて

赤ちゃんでも嫉妬心を持っています。おもしろいでしょう。時にはこの感情を利用していじわるしてみては!いじわるしっぱなしではなく、タイミングを見計らって、赤ちゃんに集中して遊んであげれば、赤ちゃんのよろこびは倍増するでしょう。また、たまにはじらすのも悪くない……これはおとなにも通じるかもしれませんね?

どーっちだ？ パートⅡ

五、六カ月のころに比べて自分で手を出します。また、記憶の時間も長くなっています。

同じ色、形のコップを２つと、小さなオモチャを用意し、片方のコップでオモチャを隠します。
さあ男同士の勝負だぞー
はーい こっちにマンマを入れまーす
あー
まだだめ パパを見てからだ!!
ハイハイ
ジャカジャカ
わあ〜お

「どっち？」と聞くと、自分から手を出してあてます。
ぜ〜ぜ〜…
さあ いいぞ どっちに入っているかなー？
……
あー
あっさり
ガク

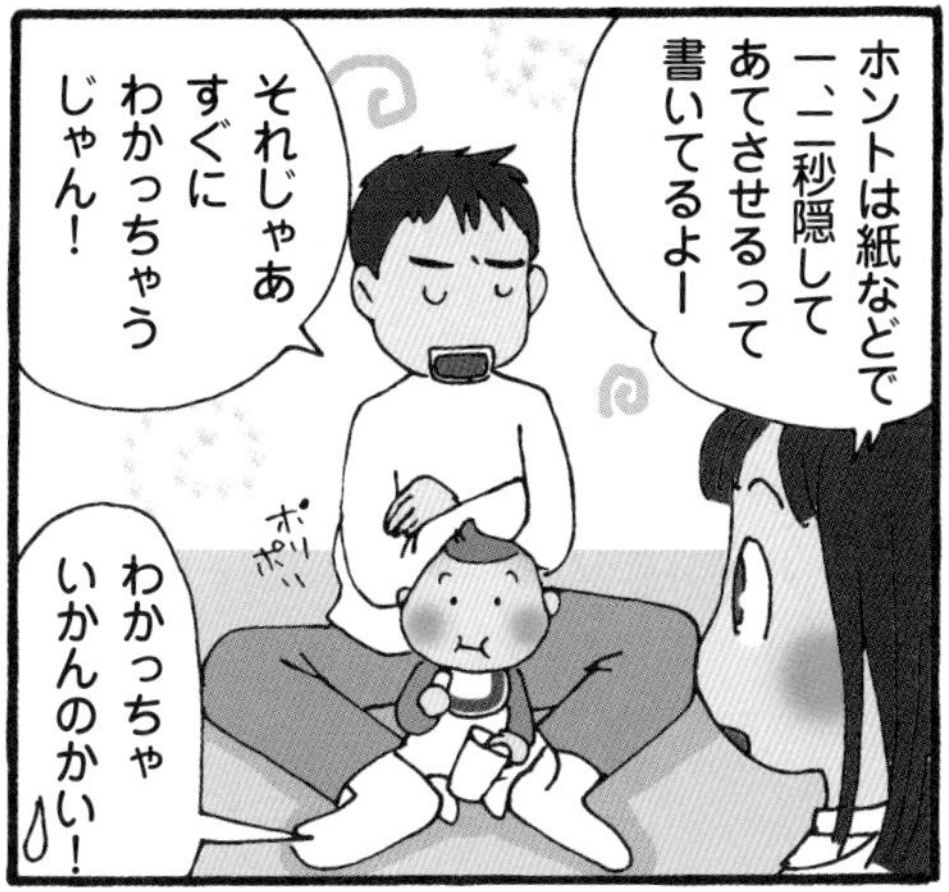
ホントは紙などで一、二秒隠してあてさせるって書いてるよー
それじゃあすぐにわかっちゃうじゃん！
ポリポリ
わかっちゃいかんのかい！

短期記憶から長期記憶へと育ってきた赤ちゃんですが、いままでうまくできていた「あてっこ遊び」が、十カ月ころになると間違えたり、答えてくれなかったりすることもあります。それは話しかけてくる相手に興味を引かれているからです。このころの赤ちゃんはヒトに興味を持ち、また自分が相手から見られていることも意識しています。だから答えるどころではないのかもしれません。

9▶12ヵ月

親を乗り越えちゃいます

赤ちゃんは、目的地までまっすぐに突き進みます。育ちとともに障害物を避けて回り道をするようになります。

息子はどうも一途な
性格らしい
目的地に向かうと
曲がることはない
Straight
たとえくまく
んがいようと
パパの
足があろう
と乗り越え
ははは
Boin

赤ちゃんがハイハイしている時に、わざと足を置いたり、寝転んだりしてみます。乗り越えて進みます。

ねこのタマがいようと
じいちゃんがお昼寝していようと
まっすぐ進んで行く‼
フギャ

それをおばあちゃんが
この子はいのしし年生まれだから

いのしし年生まれじゃないですよお義母さん
あっ　いのしし座か?
いいえ
いのしし型
なんの型ですか?
いのししと決めたら一直線……おばあちゃん似なのかもしれない

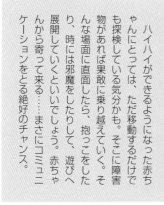

ハイハイができるようになった赤ちゃんにとっては、ただ移動するだけでも探検している気分かも。そこに障害物があれば果敢に乗り越えていく。そんな場面に直面したら、抱っこをしたり、時には邪魔をしたりして、遊びへ展開していくといいでしょう。赤ちゃんから寄って来る……まさにコミュニケーションをとる絶好のチャンス。

9▶12ヵ月

「だめ！」がわかるよ

赤ちゃんは言葉よりも表情に影響されます。笑いながら「だめ！」と言って試してみてください。

「だめ」と言った時に赤ちゃんがギクッとするようになったら、笑顔で「だめ」と言ってみます。
声のトーンが同じでも
だめ
だめ
こっちのほうがより効くし
うっ…
うっ…
うっ…
うっ…
そして私（ママ）より
だめ
だめ
パパのだめのほうが効く
パパのちょっと怒り
ママの最大級(顔)
赤ちゃんは戸惑うか、あるいは「だめ」がわからないかもしれません。

パパのだめより
怖いのか
よっちゃーん
じいじだよ
ひっ…
ひっ…
ひーーー
カタ…
すいません
人見知りが
はじまって
ウソ→
おじいちゃん優しいよ
おじいちゃん
怒ってないってばー
ギェ～

おじいちゃんの
笑顔…
号泣です…
鬼瓦似？
悪代官？
※笑ってます

「だめ」がわかるようになってきたら、だめなことはきちんと「だめ」と伝えましょう。大切なのは声と表情。怒った顔と優しい声で「だめ」、怒った顔ときつい声で「だめ」、優しい顔と優しい声で「だめ」、優しい顔ときつい声で「だめ」という、この四つの怒り方で赤ちゃんの反応を比べてみてください。おもしろいですよ。

9▶12ヵ月

お母さんと同じにしたい

お母さんのまねをしていろいろな物に触りたがるころ。困ることも多いけれど、赤ちゃんには学習のチャンス！

赤ちゃんの目の前で動く人形のスイッチを入れてみます。
ぽち
キャッキャッ
ワンワン
おっ
このごろおとなと同じことをやりたがるのよ 同じことをしてみたいって思うようになってきたらしいの
ぽち
そうか！
赤ちゃんも自分でスイッチを入れます。

そうそう
じょうずー
ちょっと
お父さん

いやちょっと
オモチャに
いいかなーって
これお店の
商売道具
じゃないの〜!

お店のあと継ぎ
にはしない
って言ってるで
しょうー
考えすぎだよ
遊び遊びー
うどん打ち道具で
遊ばせないで

こうした行動を「動作模倣」と言います。動作のまねをすることで相手とのコミュニケーションをうまく計ろうという、赤ちゃんの人間関係成立テクニックのひとつ。実は、ある研究者によると、それ以上に、模倣をすることで相手の感情まで理解しようとしているのではないか、とも言われています。たかがまね、されどまねですね。

9 ▶12ヵ月

たかいたかい！

赤ちゃんの大好きな遊びのひとつです。上下の揺れ、左右の揺れ、赤ちゃんの感覚器官を刺激！

赤ちゃんの両脇を手で支え、上げたり、下ろしたりします。
たかいたかい専門担当だったパパがヒジを痛め
すまんが下の子はおまえに頼む
SHIGUSA P130
私がやってみたものの
た…たかい たか〜…い
だめ……一回で限界
あー（もっと）
不憫だ…
腕力の弱いママには飛行機ブーンのほうが向いてるか！
よこになって足あげて
ここに乗せるで
仰向けに寝て両足を上げ、赤ちゃんのおなかに足裏をあてて、両手で上体を支えます。

キャッキャッ
うまい うまい
ぼくも
ブーッ
上下運動
ダーリン！ これならなん回でもできるわ！

ひざの曲げ伸ばしで上下に動かしたり、左右に揺らしたりします。

こうして上の子下の子と毎日50回やっていたら見る見るスレンダーに！
ベビービルダー
皆さんもぜひ！

この「たかいたかい」は一時期、「揺さぶられっこ症候群」の原因になるとも言われ、この遊びに抵抗を感じている方もおられるようです。でも、極端な激しさで急激に行わない限りは、脳に障害を起こすことなどありません。感覚器（前庭固有覚）を刺激するこうした遊びを赤ちゃんはよろこぶものです。時には遊んであげましょう。

9▶12ヵ月

トントントン!

お母さんが赤ちゃんのまねをして……。
あるいはお母さん先行で、リズム遊びに誘ってみましょう。

赤ちゃんの顔を見ながら「トントントン」とリズミカルにテーブルをたたいてみせます。
トン トン
じーー
赤ちゃんはまねをしてたたきます。
トン トン
ぱぁーーっ
やったー!! できたー!!
このごろ 何か新しいことができたというよろこびはすごいです

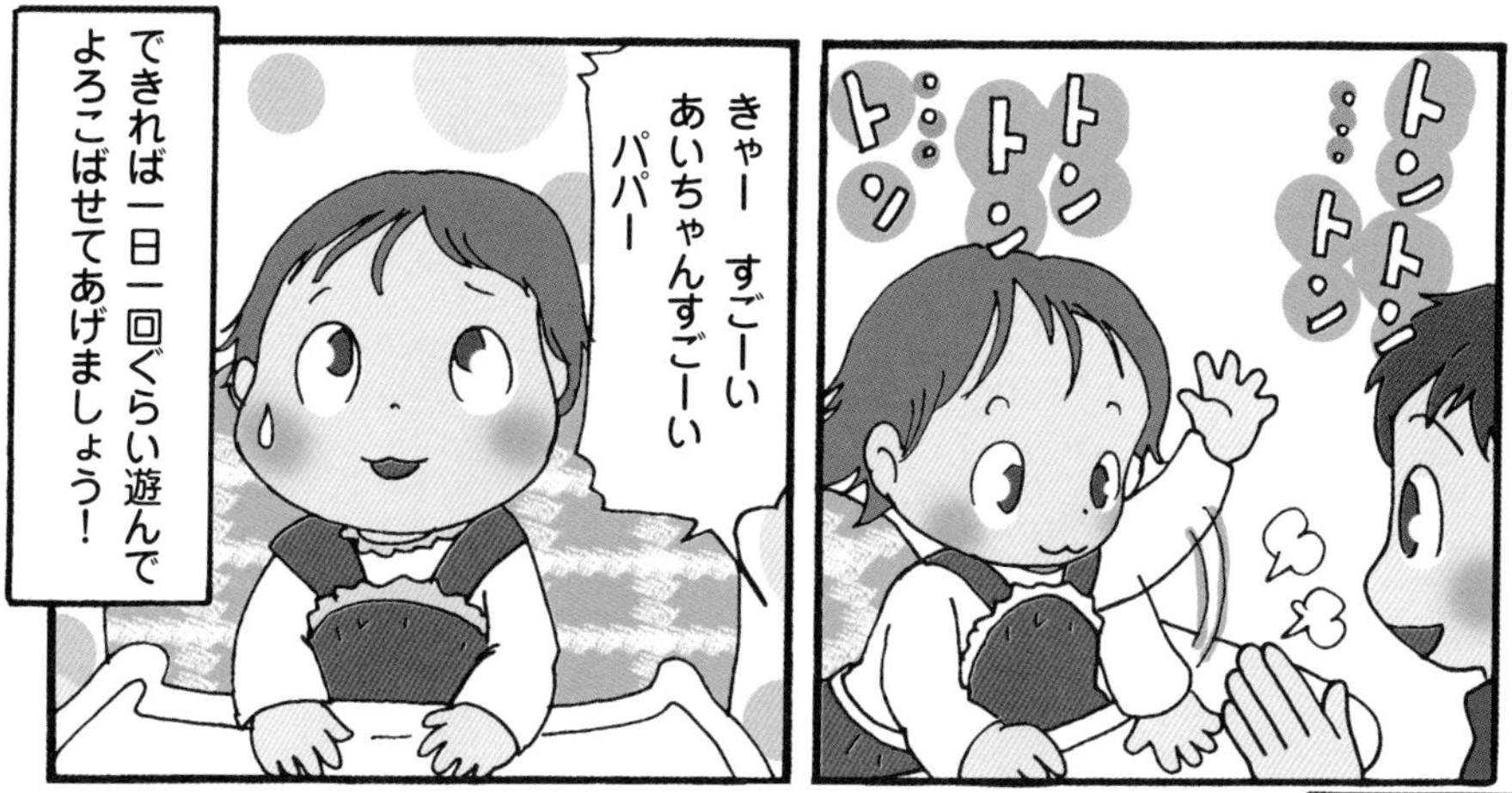
トントン…トン
トントン…トン
きゃー　すごーい
あいちゃんすごーい
パパー
できれば一日一回ぐらい遊んで
よろこばせてあげましょう!

でもあんまりサービス
するとしつこくなるので
ほどほどにね!
ねー
あいちゃん
さっきの
やってー
うざい…。
トン
トン
トン
トン
やってやって
トン
トン
トン
トン
エンジョイ赤ちゃんライフ
来週もお楽しみに〜

このころの赤ちゃんはまねをすることが大好きですが、とくにリズムのある遊びがお気に入り。お母さんと同じリズムで「トントントン」と手でテーブルなどをたたけたら、赤ちゃんはとってもうれしい気持ちになるはずです。もちろん、そんな赤ちゃんを見るお母さんだってうれしいですね。幸せな気分を共有してください。

あれーっ？ 消えた

鏡の中の自分とお話ししたり、手を出したり……。
急に見えなくなると自分の姿を探したりします。

なおくん いるねー 鏡は おもしろい ねえ
あー♡
あれっ！
くるっ

赤ちゃんが鏡に映る自分を見ている時に、急に鏡を裏返します（裏側は鏡になっていない物で）。

あれー なおくん いない
どこ 行ったかなー
でもこっちも いいでしょうー
若かりしころの ばーちゃんの 水着写真!!

まあー 照れちゃって ゆっくり 見なさいな
あら 裏に 行くの?

赤ちゃんは自分の姿を探して、鏡のうしろをのぞいてみたり探索行動をはじめます。

赤ちゃんの鏡に対する反応は四カ月ごろから変わってきます。鏡の中の自分を見つめていて、急に裏返されてもそのまま見続けていた赤ちゃん。少し月齢が上がると裏返された鏡を左右、あるいは上下に視線を動かしながら「どこへ行ったの?」という表情をします。そして、いよいよ消えてしまった自分を探すようになるのです。

お返事ごっこ

名前を呼ばれたら手をあげて返事ができるようになるころ。赤ちゃんは見ることから学習します。

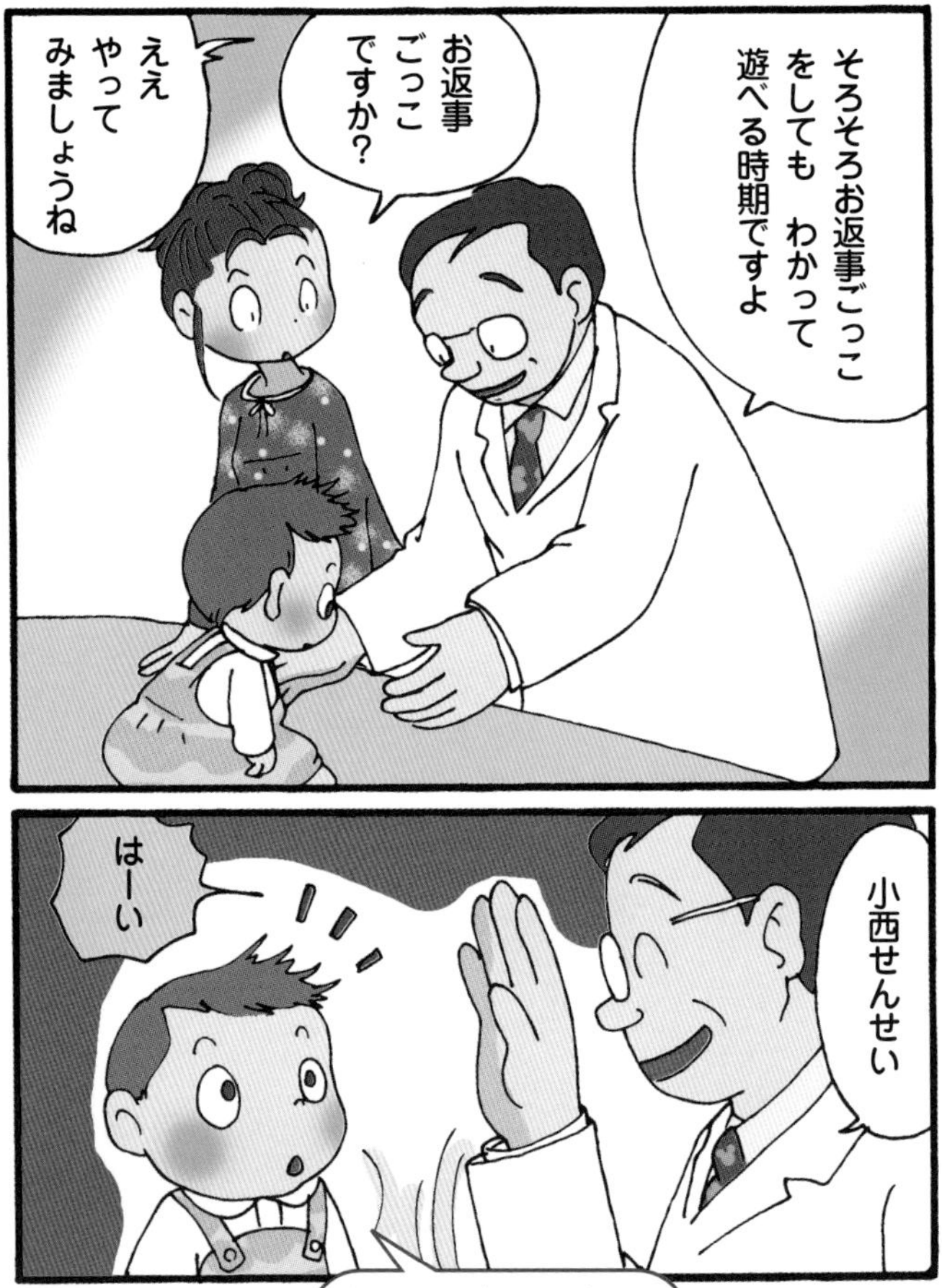
そろそろお返事ごっこをしても　わかって遊べる時期ですよ
お返事ごっこですか?
ええやってみましょうね
小西せんせい
はーい

赤ちゃんがちゃんと見ていることがだいじです。

赤ちゃんのそばにいる者同士で名前を呼び合う。呼ばれた人は手をあげて返事をします。
ママー
はっ
はーい
さのもとじろうくーん
もとじろうくーん
……
何かを感じている

カエル!
はーい
せんせー
はーい
ママー
はい
かんごしさーん
はい
出演者増えまくりでした

自分が見られていることを意識しはじめた赤ちゃんは、自分が呼ばれていることがわかります。お母さんがだれかに名前を呼ばれて手をあげて答えたりしているのを見て、やがて、赤ちゃんも名前を呼ばれると手をあげるようになります。でも、まだ名前をはっきりと自覚しているわけではなさそう。繰り返すことで覚えていきます。

9▶12ヵ月

いいお顔は？

意図的に顔の筋肉を動かして表情をつくることができる。
つまりお愛想笑い……社会性の大きな育ちです。

「いいお顔は？」と話しかけながらお母さんもいいお顔をします。
なっちゃん いいお顔は？
ほら いい お顔ー
にーーー
にーーっ
ど……努力と 気持ちはわかった！
赤ちゃんも表情を変えます。

いいお顔って
なっちゃん
わかりにくいんだよな
ほら「かにくん」だ

かに〜〜
…

困ったことに（?）その後
「かに」＝笑顔が定着……トホホ
なっちゃん
かに!
かに!
かにかにー
?
?
年賀状の写真どり

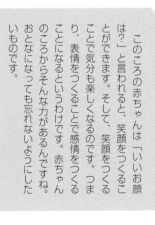

このころの赤ちゃんは「いいお顔は?」と言われると、笑顔をつくることができます。そして、笑顔をつくることで気分も楽しくなるのです。つまり、表情をつくることで感情をつくることになるというわけです。赤ちゃんのころからそんな力があるんですね。おとなになっても忘れないようにしたいものです。

お部屋でお散歩

つたい歩きをするようになったらいっしょに歩いてみます。短い距離を目標にして、達成感を味わいましょう。

目標のところまで手をつないで歩きます。赤ちゃんにとってはそうとうの集中力を要します。
おーじょうず
いち に…
こっち こっちー
よた よた
ああ……いつの日かパパの手を離れひとりで歩き
走り…

パパ部屋に入った？
入った
会ってもらいたい人がいるの
聞こえなーい
そしてこの手から別の手に…
ムコの手

くるっ
あっち行っちゃだめだ
ちょっとどこ行くの何想像してんのー？
よたよた

着いたら「やったー！」といっしょによろこびましょう。

つたい歩きをはじめると「立てば歩めの親心」で、つい手をとって歩かせたくなるもの。そんな時は赤ちゃんのよこで手をとりサポートしてみましょう。少し前に引っ張ったり、うしろに引っ張ったりした時に、赤ちゃん自身がスムーズに重心を移動でき、また、つかまる手の力が弱くなってきたらもうすぐ歩きます。乞うご期待！

レッツ ダンス!

体も自由に動かせるようになってきました。
リズムが大好きな赤ちゃんは音に合わせて体を動かします。

ソーセージ
ソーセージ
おさかな〜
このように
ふいにかかった音楽の
リズムをとっている姿
を見かけたら
ダンスをして遊ぶ楽しさが
わかるしるし!
赤ちゃんの
ペースに合わせて
ママもやって
みましょう!
先生
私そういう
の苦手〜〜
恥ずかしくって……

テレビなどの音に合わせて体を動かしているのを見かけますか?

遊びや動きにリズムをとり入れてみましょう。
照れくさいのはよーくわかります！でも工夫次第ですよ！別に全身で踊らなくてもいいんです
座りながら手だけとか
ソファーに座りながら足だけ
頭だけ
腰だけも

照れくさいころが私は懐かしいです〜
先生　それで照れくさいころがあったんですか？
何のダンスかしら

赤ちゃんは同じ動きを繰り返すことで自分の体や動きを確認していると言われています。リズムに合わせて体を動かすことは反復運動。確認作業中の赤ちゃんにはもってこいです。また、お母さんと赤ちゃんがいっしょにリズムをとっていると、お互いに思わず引き込まれる「引き込み現象」を起こします。同じ気分で楽しんで！

クルックルッと回そう

手首のひねりがじょうずにできるようになってくると、ビンやカンのフタを開けたり締めたりするのが楽しくなります。

回して開けるビンやカンを用意します。
クルクルとの出合いは感動でした　ええ　いまでもはっきり覚えてます
楽しい……っていうより新鮮な驚きでした……
?
ぶにゅ〜〜
マ〜ヨ〜〜
ぬりぬり
カパ
ザー
次のクルクルは苦労しましたがその甲斐あって

これで遊んで
中に赤ちゃんの好きな物を入れておきます。
ママもあたしをよろこばせようとしていますがもうひとつです……
ママ！ 見て！ すごいのこれ！ と心の中で叫びました
あ〜お〜の〜り〜
フワフワしていいにおいでお部屋が緑に！

人生って楽しい！ びっくりだらけ！ 今日も新鮮なびっくりを探して頑張ります！
ジャ〜ム〜
ぬぽ

両手が共同してひとつの仕事をするようになってきます。まずは両手で、はめ込み式のキャップを同時に引っ張り、引き離し、開けるという動作。もう少し成長すると、赤ちゃんはそれでは物足りずに、両手を反対側にひねり、キャップを回してはずすことを覚えます。はじめてそれが成功した時のうれしそうな顔……ぜひ注目を！

ママ、どうしたの？

「カオナシ」お母さんは嫌い！　パートⅡです。
泣き出しそうだった赤ちゃんも、こんなに成長しました。

P 60で紹介しましたが、このころにな
ると赤ちゃんの反応が変わってきます。
父がかたまり娘が泣いた母の特技
突然無表情
う
ひぃぃぃ
これが最近おちゃめなきなこちゃんには〜
?
きかなくなっちゃったのよねー
ちょっと宇宙人度アップ♪

ママどうしたの？
手を伸ばしたり、笑いかけたりします。
やだ また お顔止まってるよー
ほらー笑ってー
みにゅー
にこ〜

いててて！まいりました
キャッキャッ
わずか数カ月でママはこの遊びから足を洗いましたとさ
もう勝てません〜

いつもと同じように赤ちゃんと遊んでいる時に、ふいに表情を止めてみてください。九〜十カ月になるとそれまではびっくりしたり、怖がったりしていた赤ちゃんが、今度は笑いかけたり手を伸ばしてきたりします。それは、まるでご機嫌をとるようなしぐさです。赤ちゃんもけっこう気を使っているのですね。

積み木が三つ…どうする？

積み木を親指と人さし指でつまむように持てるように……。
両手に積み木を持った赤ちゃんにもう一つ積み木を渡すと。

2つの積み木をつかむようになります。

むかしむかしすずめのお宿に行った
うちのケイちゃんが
おみやげに 大きいつづらと 小さいつづらが ございます
と言われケイちゃんが両方もらうと
ちょっとお客さん
奥から別のすずめが
あ 大小だけでなく 中くらいのつづらも ございました
スマイル 0円
おまえ 在庫がなくなる…

3つ目の積み木を「はい」と出してみます。

少し考えて１つを落とし、３つ目をとります。
ケイちゃんはじっとつづらを見つめ
ボタ……
ひとつ下に落とし

新しいつづらをとりました
……というのは　さっきまで積み木で遊んで
1コだけです！

ケイちゃん大きいのももらいなさい～　三つとも袋に入れてもらうのよ～
寝言
お昼寝していたママの夢でした

赤ちゃんにとって積み木はいいオモチャです。その遊び方を見ると手の使い方の育ちがわかります。少し前に、やっと手で物がつかめるようになった赤ちゃん。このころには親指と人さし指で積み木をつまみ、二個積みあげることができるようになります。四個ぐらい積みあげられるようになると、スプーンが使えるようになるでしょう。

コップとスプーンで

いままでは中の物を出すだけでした。
コップの中にスプーンを入れることもできます。

コップの中に入っていた物を出したり入れたりするようになります。
コップから出したスプーンを
また入れた
そしてなぜ
ハァ〜
ため息?
なぜなのかしら……同じ行動したら少しはわかるかもスプーンを持って来て入れ……
ハァ〜〜
赤ちゃんのまねをしてみましょう。

赤ちゃんにとってなに気なくした動作が楽しい遊びに展開します。
キャッ
キャッ!
大ウケ!
ガチャ
倒れたコップをなおしスプーンを入れたら
あー
ガシャ
倒した
なぜかしら…まねをしてみる
あー
ガシャ

2人で大ウケ
キャッ
キャッ
キャッ
理由なんてどうでもいいや!

それまでは、コップの中にあった物を出すだけの赤ちゃんが、一歳のころになると出した物をまた入れようとします。「このなかに入っていたんだよね」とまるで確認をしているような動作です。「あげたり、もらったり」「開けたり、閉めたり」「出したり、入れたり」というものごとの両面性を理解しはじめているのです。

探求心旺盛な赤ちゃんと楽しくすごそう

【赤ちゃんのお座りと向かい合う -1】
赤ちゃんと向かい合って遊ぶには、時に顔が同じ高さになる工夫をするのもいいでしょう。とくになにかをしっかりと伝えたい時には、この姿勢がいちばんです。

【赤ちゃんのお座りと向かい合う -2】
少しお行儀悪く感じるかもしれませんが、お母さんの高さを感じさせないために、また赤ちゃんに触れやすい姿勢として、たまにはこんな感じで遊んでみるのもいいのではないでしょうか。

赤ちゃんが何を見ているのかを知ろう

　赤ちゃんとのやりとりもいよいよ活発になり、楽しさも増してくるこのころ。おつき合いをするには、時には赤ちゃんの目線に合わせて見ることも大切です。

　赤ちゃんがなにに興味を持っているのか、どんなことに気をとられているのかが、とてもわかりやすくなり、声をかけやすくなります。

　赤ちゃんだって、自分のやっていることにお母

【つかまり立ち】
赤ちゃんは、ちょうどいい高さの物につかまり立つようになります。ハイハイと立った姿勢では、見える世界がとても違ってきます。もともと旺盛な探求心をますます高め、次にはつたい歩きへと移動手段を覚えるでしょう。つかまれるようななにかがあるかどうかチェックしてみましょう。

【歩きはじめのお手伝い】
歩きはじめるには、「赤ちゃん自身がつかむきっかけ」と「自信」が必要です。第一歩を踏み出した赤ちゃんをサポートしたい時には、前から引っ張るのではなく、よこから支えてあげましょう。そのほうがバランスをとりやすいのです。

さんやお父さんが参加してくれるのはうれしいに違いありません。「○○ちゃん、これして遊ぼう」などと、お母さんから遊びを提案することもおおいにけっこうですが、時には赤ちゃんがなにをしているのかを少し離れて観察してみるのも、楽しいですよ。

　こんなことに興味を持っているんだ、こんなことができるんだ、などと新しい発見ができるでしょう。

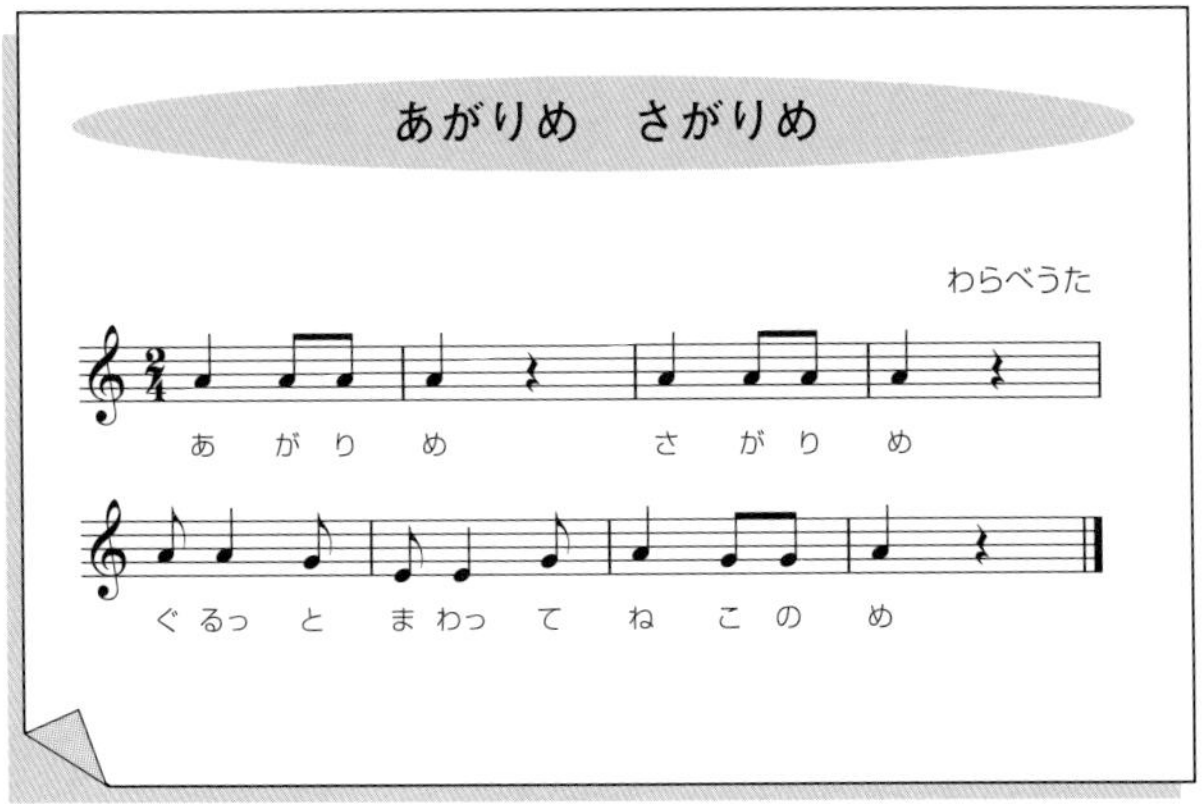
あがりめ　さがりめ
わらべうた
あ が り め　さ が り め
ぐ るっ と ま わっ て ね こ の め

顔の変化を楽しみながら

赤ちゃんはお母さんの表情の違いに気づいています。わざと知らん顔をしていると「どうしたの?」とでも言うように、顔をのぞき込むことすらあります。この遊びを赤ちゃんに見せると、最初は「なにをしているのかな?」と不思議そうに見ているかもしれません。でも、すぐにこの楽しさがわかり、「ねこのめ」の一区切りで赤ちゃんは声をたてて笑うようになります。

❶♪ あがりめ

目尻に人さし指をあて、
上にあげます。

❷♪ さがりめ

目尻を下にさげます。

❸♪ ぐるっとまわって

目尻にあてた人さし指で
円を描きます。

❹♪ ねこのめ

目尻にあてた人さし指を
よこに引き、目を細くします。

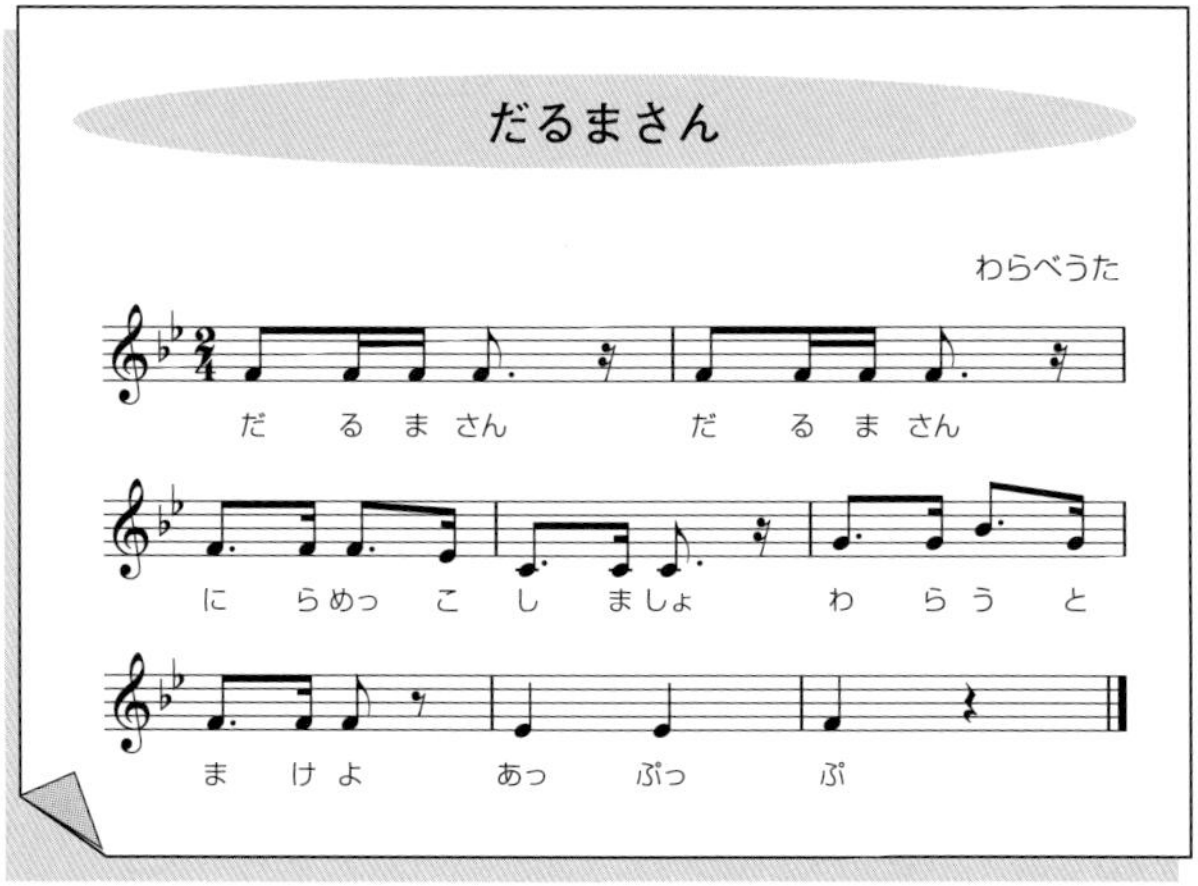
だるまさん
わらべうた
だ る ま さん だ る ま さん
に らめっ こ し ましょ わ ら う と
ま け よ あっ ぷっ ぷ

いつもと違う顔がおもしろい

目の前のお母さんが、いつもと全然違う顔になる……赤ちゃんは、それを笑えるようになりました。少し前だったらびっくりして泣き出したかもしれません。「おもしろい顔をしたお母さん」と認識できるようになったのです。そのうち、「あっぷっぷ」で赤ちゃん自身がいろいろな表情をつくって見せてくれるようになるでしょう。

歌をうたい、最後の「あっぷっぷ」と言ったあとに、
おもしろい顔をしてみましょう。

げんこつやまのたぬきさん

わらべうた

せっ せっ せー の ヨイ ヨイ ヨイ
げん こ つ や ま の た ぬき さ ん
おっ ぱ い の んで ね んね し て
だっ こし て おん ぶし て ま たあ し た

バイバイで参加

お母さんが調子よくうたう歌を赤ちゃんは体じゅうでリズムをとりながら聞いていることでしょう。まだ、全部をまねすることはできないかもしれませんが、手を打ち合わせたりオッパイを飲むしぐさなど、ところどころでまねをするかもしれません。最後のバイバイは、大得意で手を振るのではないでしょうか。

❶♪せっせっせーの ヨイヨイヨイ

赤ちゃんの手をとり軽く振ります。

❷♪げんこつやまの たぬきさん

両手でげんこつをつくり、7回打ち合わせます。

❸♪おっぱいのんで

両手でオッパイを飲むしぐさを2回します。

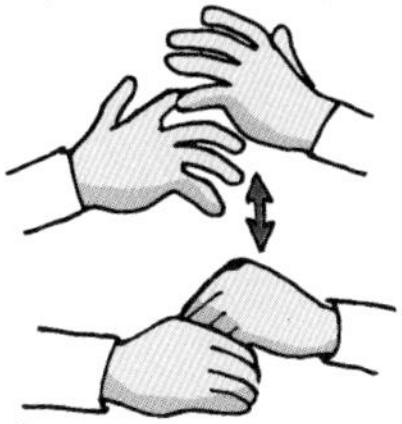

❹♪ねんねして

両手を合わせて頬にあて、首を2回、コックリコックリさせます。

❺♪だっこして

両手で抱っこするしぐさをします。

❻♪おんぶして

両手でおんぶするしぐさをします。

❼♪またあした

手を振ってバイバイをします。

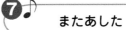

いとまき

作詞：不明／外国曲

いとまきまき　いとまきまき　ひいてひいて　トントントン
でーきた　できた　かわいい　おくつ

■動かされるのはいや？

赤ちゃんを抱っこして、うしろから手をとり、動かしてあげるのもひとつの方法です。ただし、赤ちゃんがいやがることもあります。無理な押しつけは禁物です。お母さんの楽しい遊びを見て、赤ちゃんが楽しいと感じても、すぐに自分でやってみようということにはならないからです。でも、チャンスがあったら、ときどき赤ちゃんの表情をチェックしながら試してみてください。楽しくなければ遊びとは言えませんものね。

❶♪ いとまきまき いとまきまき

両手をグーにして胸の前で2度回します。

❷♪ ひいてひいて

両手を左右に引きます。

❸♪ トントントン

左手で右うでをたたきます。

❹♪ でーきたできた

両腕を顔の前で交差させ、手首を回転させながら両脇からおろします。

❺♪ かわいいおくつ

拍手を4回します。

赤ちゃんとオモチャ

オモチャは赤ちゃんとお母さん、お父さんを結ぶ心の糸

赤ちゃんのオモチャはたくさん売られています。「これこそ赤ちゃんがよろこぶオモチャ」、「発達を促すオモチャはこれ」などと標榜しているものもあります。でも、オモチャさえ買い与えれば赤ちゃんは育つ、というものではありません。そこにオモチャを仲立ちにした人間同士のコミュニケーションがなければ、赤ちゃんにとって役立つものにはならないのです。

そういう意味からオモチャを見直してみると、なにも次から次へと高価な物を買い与える必要はない、ということがおわかりいただけると思います。できればオモチャは特別な物ではなく、日常生活で使っている物を工夫してほしいものです。

ひとつの物が、使い方によっていろいろと違った物になる、それこそが赤ちゃんにとっては新発見で、興味をそそられることなのです。赤ちゃんの遊ぶようすから、時にはお父さんやお母さんのほうが「へぇー」と、その発想のすばらしさに感心させられることもあるはずです。

一度、赤ちゃんの動きを少し眺めてみてください。たとえば、仰向けで寝ている赤ちゃんが、たまたま自分の顔にかかったカーテンを手ではたいてみたり、わざと顔を隠したりしてもてあそんでいるとします。その時、赤ちゃんにとってはカーテンが「オモチャ」です。たまたまカーテンから顔を出した時に「あっ、イナイイナイバーだね」と声をかければ、そこで「イナイイナイバー」遊びがはじまります。そうしたおとなからの話しかけをきっかけ

に、赤ちゃんは自分からもおとなに働きかけることを覚えていきます。

このように、身のまわりの物がなんでも「オモチャ」になり、おとながちょっとしたきっかけをつくることで、赤ちゃんは新しい遊びへと展開し、それを繰り返しているうちに、自分のものにしていくことができるのです。

つまり大切なのはオモチャ……つまり物ではなく、そこで展開する遊び……つまりコミュニケーションなのです。

コミュニケーションもバラエティーに富んだものが望ましく、ただただ欲しがる物を与える、やりたがることをやってあげるだけではなく、たまには少しじらしてみることも赤ちゃんにとって必要です。なんの葛藤もなく手に入るより、努力して手に入れたほうが心からよかったと思えるはずです。また、そこで積み重ねたお母さんやお父さんとのやりとりは、いっしょに遊んだ思いを詰め込まれたオモチャとともに、赤ちゃんのだいじな宝物になることでしょう。

育っていく赤ちゃんといっしょに、その時どきの役割を果たしてくれる物をひとつご紹介しましょう。それは、二・五センチの立方体、赤い積み木です。

生まれたばかりから「ごっこ遊び」ができるようになるまで、この積み木は赤ちゃんのお相手をつとめ、赤ちゃんは計り知れないほどのことをこの積み木から学んでいきます。

2.5センチの積み木と赤ちゃん

生まれたばかりの赤ちゃんでも2つの積み木をやさしく打ち合わせる音に気がつきます。

積み木を赤ちゃんの目の前30センチぐらいのところで動かすと、その動きを追いかけます。

首がすわるころになると、お母さんのひざに抱かれて上下左右に動かす積み木を追いかけます。

把握反射が弱まる3、4カ月ごろになると自分から積み木を握ります。

5

少し離れたところに置いた積み木に手を伸ばしてとるようになります。手にしてニッコリ！

6

両手に持ったり、持ち替えたり、なめたりします。

7

積み木を打ち合わせて見せると、じっと見ていて、そのうち自分でも打ち合わせるようになります。

8

わざとテーブルから下へ落として遊びます。

9
コン

落とした時にクッキーの缶などで受け止めると、音が楽しさを倍増します。

10
あーあ
あーあ

落としてしまった時に思わず「あーあ」と言っていると、いつの間にか同じように「あーあ」と言うようになります。

11
ちょうだい

「ちょうだい」と言葉をかけると、最初は手を伸ばしてもすぐに引っ込めてしまいますが、そのうち手渡してくれるようになります。

12
はい

歩きだすようになると、いろいろな人に、「ハイ」と渡すことを楽しむようになります。

13

おとなが積み上げた積み木を崩して遊びます。

14

自分で積みあげたり、崩したりを飽きることなく続けます。

15

ガタンゴトン

自分で積み木をよこに並べるようになります。「ガタンゴトン」と声をかけながら動かすと、同じようにまねをします。

16

おいしいね!

「おいしいね」と言って、食べるまねをすると、同じ動作をするようになり、ごっこ遊びをはじめます。

おわりに

育児書にも「脳を育てる」とか「育脳」という言葉が頻繁に見られます。しかし、最初に「脳科学を育児に」と主張したのは行郎であったと思います。しかし、彼が意図したのは「脳を育てよう」とか「頭のいい子にしよう」ということではありません。赤ちゃんを理解するために科学をとり入れようと考えたのです。ましてや、早期教育をすすめたいなどと考えたわけではないのです。

夫婦で小児科医を半世紀近く続けてこられたことを、つくづく幸せに思っています。いままで歩いてきた人生において、子どもの発達は永遠の研究課題でした。いまだにその謎は解けていません。どのようにして子どもはハイハイをし、歩くようになるのか、少しずつ解明されつつはありますが、謎はいまだに残されたままです。でも、だからこそ子どもの発達はおもしろいと感じています。

なかなか簡単には解明できない赤ちゃんの育ちですから、「こうやれば、こうなる」、「こうなったから、こうすればいい」というようなわけにはいきません。本書で紹介した遊びについても同様で、その時の赤ちゃんのご機嫌や、ちょっとしたやり方の違いなどで、かならずしもうまくいくとは限らないのです。本書のとおりに赤ちゃんと遊べなかったからといって落ち込んだりしないでください。

長男が結婚した時のあいさつで、私たちが親だったからこそ自分が小児科医の道を選べた、そのことに感謝する、と言ってくれました。二人共にまったく予想をしていなかった言葉に、不覚にも熱い物が胸に湧きあがってきました。同じ思いを受け継いでくれる者がいる、それがまたうれしいことでもありました。

　とても研究者と言えるほど研究に打ち込んだ私たちではありませんが、臨床の場でこつこつと子どもを見続けてきた、そのおもしろさを息子もわかってくれたのかもしれません。同じように子育て中のお母さんやお父さんたちにも伝えたいというのがこの本を書いた私たちの目的でした。少しでも思いが伝わるといいのですが。

　今度もよき理解者である三枝節子さんがいてくれました。そして、なによりも私たちの意図をきわめて正確に把握し、子どもを熟知している齊藤恵さんがいたからこそ、本書はできあがったと思っています。齊藤さんのマンガには二人でなんども「おもしろいね」と笑いながら、感動しながら原稿づくりを進めました。この本がおもしろいと思われる方がありましたら、それは三枝さんと齊藤さんの力が大きいことをお伝えしておきます。

　本書は、二〇〇六年に刊行されたものを、このたび赤ちゃんとママ社から新版としてお出しいただくことになりました。これからまだ読み継いでいただけるようになったこと、二〇一九年に他界致しました行郎も、きっと喜んでいることと思います。感謝申し上げます。

　赤ちゃんと一緒に楽しく遊ぶヒントにしていただければ幸甚です。

小西　薫

小西 行郎（こにし　ゆくお）

1947 年香川県生まれ。京都大学医学部卒業、同大学付属病院未熟児センター助手、福井医科大学小児科勤務の後、オランダ、フローニンゲン大学で発達行動学を学ぶ。埼玉医科大学小児科教授、東京女子医科大学教授を経て、2008 年から同志社大学赤ちゃん学研究センター長／教授。2001 年日本赤ちゃん学会を創設、2005 年より理事長。2019 年 9 月逝去。
著書に『赤ちゃんと脳科学』（集英社新書）、『はじまりは赤ちゃんから「ちょい待ち育児」のススメ』、『子どもはこう育つ！おなかの中から 6 歳まで』（以上、赤ちゃんとママ社）ほか多数。

小西　薫（こにし　かおる）

1948 年京都市生まれ。大阪医科大学卒業。京都大学医学部小児科医局入局。福井県立病院小児科、福井総合病院小児科勤務。福井医科大学小児科臨床教授、さいたま市立総合療育センター所長を経て、2010 年すくすくクリニックこにし開設。保育園・幼稚園園医、小学校校医などを兼任しながら子どもの健康、発達を支援し続けている。
著書に『赤ちゃん学で理解する乳児の発達と保育 2 運動・遊び・音楽（共著）』（中央法規出版）、『子どもはこう育つ！おなかの中から 6 歳まで』（赤ちゃんとママ社）ほか多数。

齊藤　恵（さいとう　めぐみ）

イラストレーター・マンガ家。『ストップ！ SNS トラブル』（汐文社）、『マンガでよくわかるモンテッソーリ教育×ハーバード式 子どもの才能の伸ばし方』（かんき出版）『子どもはこう育つ！お腹の中から 6 歳まで』（赤ちゃんとママ社）など、主に子育てや教育、医療関係の本の「マンガとイラスト」を担当している。

構成・文　三枝 節子
マンガ・イラスト　齊藤　恵

一緒にあそぼ！　赤ちゃんの遊び BOOK
2023 年 2 月 13 日　第 1 刷発行
著　者　小西 行郎　小西　薫
発行人　小山 朝史
発行所　株式会社 赤ちゃんとママ社
〒 160-0003　東京都新宿区四谷本塩町 14 番 1 号
電話　03-5367-6595（編集）　03-5367-6592（販売）
振替　00160 − 8-43882　URL　www.akamama.co.jp
印刷・製本　シナノ書籍印刷 株式会社

この本は、海竜社発行「赤ちゃんの遊び BOOK」を新たに編集したものです。

落丁本・乱丁本はお取り替えします。

ISBN978-4-87014-162-9　C2077